死を招いた保育

ルポルタージュ

上尾保育所事件の真相

はじめに

保育所は、子どもの命を守るための場所である。

親が働いていたり、病気療養中だったり、あるいはその他のさまざまな事情がある子どもが、主に日中の長い時間を過ごす「生活の場」である。親と離れている間も保育者から愛情を与えられ、見守られながら子どもたちが安心して過ごせる場所でなければならない。

そんな保育所を信頼して預けた子どもが、安全なはずのその場所で命を落としたとしたら……。朝、「バイバイ！」と笑って声をかけて別れた子どもが、お迎えに行った時には二度と目を覚まさないとしたら……。

「もし自分の子どもだったら」と考えてみてほしい。どれほど辛いことだろう。その施設に子どもを預けたことをどれだけ悔やみ、悩み、苦しむことだろう。どんなに泣いても叫んでも、失われた子どもの命は戻らないのである。

しかし、保育所で命を落とす子どもは、後を絶たない。しかも、安全度が高いはずの認可保育所でも、死亡事故は起きている。

本書は、そんな悲しい事件のひとつを取り上げ、「安全なはずの認可保育所で、なぜ子どもの命が奪われなければならなかったのか」という問題について、さまざまな角度から考察したものである。保育士の言葉については、民事裁判で証拠として採用された資料に基づいている。その他、裁判記録を綿密に追い、関係者の証言や専門家の意見を織り交ぜて「なぜ侑人君は亡くなったのか」について徹底的に考えてみた。

事件は、平成17（2005）年8月10日、埼玉県上尾市立上尾保育所内で起きた。当時四歳の榎本侑人君が本棚の下の戸のついた収納庫の中に入り、熱中症で死亡したのである。両親は「わが子はなぜ、亡くなったのか」という事件の真実を知りたいと願い、民事裁判を起こした。

二年以上にもわたる裁判の中でも、侑人君がなぜその本棚に入ったのかについては、結局明らかにならなかった。子どもが安全に過ごせるはずの保育所の中にいたにもかかわらず、侑人君が本棚の中に入った瞬間を、一人の大人も見ていなかったからである。

私は、四人の子どもを保育所に預けて働き続けてきた親の一人である。保育所との関わりの中で子どもの成長を見守り、時には親として育てられていく中で、日本の子どもたちをめぐる状況には見逃せない大きな問題がたくさんあることを知り、取材し続けてきた。今回、この事件を追及してみたいと思った原点は、同じく子どもを保育所に預けながら働く親として「もし自分の子どもだったら？」という思いを強く抱いたからである。

裁判で原告側の弁護を担当した寺町東子弁護士をはじめとする弁護団が用意した「最終準備書面」の冒頭に、次のようなフレーズがある。

「本件事故は、決して不慮の事故ではなく、日常の保育に多くの問題があり、その問題を放置した故に起きた、『起こるべくして起きた事故』である」。

確かに、裁判で関係者が語った言葉や数多くの証言からは、ありふれた普通の公立保育所の中で働く者同士が共感を持てず、親とのつながりを築くこともなく、油断や怠惰の中で漫然と保育が行われていた姿が浮き彫りになってきた。そこから生じた小さな誤解や小さなウソ、そして子どもたちや親たちへの小さな対応の過ちが積み重なった結果、最終的には侑人君の命が奪われてしまった。一人ひとりの保育士がいくら高い目標や理念を持っていても、それを高める努力を怠り、「保育所」という組織の中で正しく生かされなければ、時に予想もしない失敗を引き起こす。命を預かる保育所での最大の「失敗」とは、子どもが命を落とすことである。

この事件は、決して特殊な事件ではない。どこの保育所でも、どこの子どもに関係する施設でも起こりうる「人災」である。漫然とした日々の積み重ねが、必然的に子どもの命を奪うことがあるかもしれないことに気付いてほしいと思う。

本来、保育所は子どもにとっても親にとっても、楽しく、温かく、居心地のいい場所のはずである。そして、なによりまず第一に子どもの「命」を守るべき場所でなくてはならない。
そんな保育所で働く方たち、さらには私と同じように保育所に子どもを預けて働いている方たち、保育所以外でも子どもに関わっている方たちに、この本を読んで、考える機会を持っていただけたら幸いである。

二〇一一年七月

猪熊　弘子

＊本書に登場する上尾保育所の職員、園児、保護者、及び上尾市役所関係者の氏名は、亡くなった榎本侑人君、父高志さん、母八千代さん、及び上尾市長（当時）を除いて、プライバシー保護のためすべて仮名にしてあります。

CONTENTS

第五章

上尾保育所だけの問題ではない 177

第一章

事件の顛末

事件当日

埼玉の夏は、暑く、厳しい。ジリジリと容赦なく照りつける太陽にさらされ、時には気温が40度近くまで上がる日さえある。猛暑と言われる年には、連日そんな気温の日が続く。海がないことも関係しているのだろうか、内陸に行くにしたがって、夏の暑さはさらに厳しくなる。埼玉県北部の気象観測点となっている熊谷市はもちろん、近辺にある上尾市、北本市などの最高気温は、しばしば真夏の夜のトップニュースになるほどだ。内陸特有のこもったような湿度の高さが、その暑い夏をさらに過ごしにくいものにする。

平成17年8月10日。

真夏の埼玉にしては珍しく、曇りの朝だった。埼玉県上尾市でも、朝から空にはどんよりとした曇り空が広がっていた。かんかん照りではない分、いつもより少し涼しく感じられるくらいだった。

上尾市立上尾保育所に通う榎本侑人君（当時四歳）は、いつものように朝7時頃に目を覚ました。侑人君は、父親の高志さん、母親の八千代さんとの三人家族だが、タクシー運転手をしている父親の高志さんは、前夜から夜勤だったため、その日の朝には不在であった。侑人君は朝食に、前夜から「食べたい」と言って八千代さんにリクエストしていた卵とじうどんを子ども用の器に一杯食べ、野菜ジュースを飲んだ。そして、母親の八千代さんと共に8時に家を出て、いつものように八千代さんの自転車の前の子ども用の座席に乗って、家からほど近い市立上尾保育所へと向かった。

二人が園に到着したのは、午前8時10分頃だった。

侑人君は、いつものように園庭に面したテラスから四歳児クラス「きく組」の保育室に入ると、すぐに、置いてある昆虫の飼育箱へと歩み寄った。飼育箱の中には、クラスで飼っているカブトムシがいる。

「見て！」

侑人君はカブトムシを手で触り、八千代さんに嬉しそうな笑顔を見せた。

「こうやって持つんだよ」

「侑人、すごいねえ」

ところが、そこにすぐにクラスの男の子が駆け寄ってくるやいなや、大声で侑人君を制止した。

「これはたかしのカブトムシだから、触っちゃダメ！」

侑人君は男の子の声にビクッとして驚き、すぐにカブトムシを手から放した。シュンとして、今にも泣き出しそうな表情になった。

侑人君は3月7日生まれで、クラスのほかの子たちに比べると月齢が低かった。また、0歳から入所している子も多い上尾保育所に三歳から途中入所してきたということもハンディだった。もともと優しくおとなしい性格だったこともあり、三歳児クラスのときから、他の子どもたち、特に月齢の高い男児たちから、命令されたり、いじめのような態度を取られることがあった。

八千代さんは、わが子が目の前で他の子から意地悪されるのを見るのは初めてではなかった。そこで侑人君をかばうように、優しく声をかけた。

「これはクラスのカブトムシなんだから、誰でも触っていいんだよ。侑人は悪くないよ、大丈夫、大丈夫」。

侑人君はまだシュンとしている様子だったが、八千代さんはそんな侑人君をぎゅっと抱きしめ保育室を出た。そばにいた担任の川上保育士が、親子に声をかけることはなかった。

「ママ、バイバイ」。

いつものように、八千代さんは侑人君の言葉に手を振りながら職場に向かった。これが侑人君との最後の会話になるなど、思うはずもなかったのだ。

上尾保育所には、普段と変わらぬ元気な子どもたちの声が響いていた。ただちょうどお盆前の時期ということもあり、欠席者も多かった。

侑人君をはじめ、普段二五名の子どもが在籍している「きく組」でも五名の子どもが欠席していた。

きく組では、子どもたち二〇名に対して、担任の浜田知美保育士（50歳）と川上優子保育士（33歳）のほか、児童福祉を実地で学ぶ目的で上尾保育所にボランティアに来て二日目の大学生、小林健一君が加わり、三人で保育にあたっていた。

保育所の責任者である江波文江所長（59歳）は、研修を受けるために警察署の近くにある研修センターに出かけており、その日は不在の予定であった。

9時過ぎに全員の登園が済むまでの間、子どもたちはそれぞれブロックを作ったり、積み木で遊んだり、教室を出たり入ったり、ホールの方向に行ったりしていた。小林君は9時過ぎに保育室に入ると、すぐに駆け寄ってきた子どもたちに手を引かれ、園庭に出た。そこで子どもたちと鬼ごっこなどをしてしばらく遊んでいた。

侑人君がブロックや積み木遊びの輪に加わっていた様子はない。同じ頃に登所したお友だち二人と一緒に遊んでいたようだが、具体的に何をしていたのか、把握している保育士はいなかった。小林君はまだボランティア二日目で、子どもの名前と顔を覚えておらず、侑人君が園庭にいたかどうかもわからない。

一般的に、保育所では朝の保育には特別なメニューがあるわけではないことが多い。全員が揃い、朝の会などが始まるまでの間の「つなぎ」のような位置づけである場合がほとんどだ。上尾保育所で朝の会があったかどうか、定かではない。子どもたちはみんなが揃う時間になるまで誰にも指示されず好きなように遊んでいた。遊びの具体的な内容について保育士たちが取り立てて気にすることはなく、子どもの動きも細かく把握していなかった。

子どもたちが揃った9時10分頃、「きく組」では担任の浜田保育士と川上保育士が、この日の午前中の保育をどうしようかと相談を始めた。この時期は普段なら毎日プールに入るのだが、お天気が悪かったのでプールは中止になっていた。

子どもの一人が、

「お散歩に行こうよ」

と言うのを聞き、浜田保育士は、

「じゃあ、みんなに聞いてみよう」

といって、子どもたちの意見を聞いた。子どもたちはみんな「散歩」に賛成したので、

「みんなが好きな虫取りをしよう」

と、近くの「畑」に向かうことになった。

「畑」は保育所が借りているもので、保育所からはほんの百数十メートルほどしか離れていない。道路からちょっと小高くなっていて、作物に水をやりに行ったり、秋には芋掘りに行ったりするなど、子どもたちが普段からよく行く場所であった。しかし、夏休みに近いこの時期に

はしばらく行っていなかった。

畑に行くことにしたのには、単純に子どもたちが行きたがっただけでなく、ほかに、もう一つ理由があった。その日はプールの代わりに、三歳児クラス、五歳児クラスでも散歩をすることになり、その二つのクラスが近くの雑木林に行くことになったからだ。三〜五歳児の全員が一度に雑木林に行ったのでは人数が多すぎてしまう。そこで四歳児クラスは雑木林ではなく、「みんなが好きな虫がたくさんいる畑に行こう」ということになったのだ。

子どもたちは「散歩」と聞いて喜び、遊んでいたブロックや積み木を急いで片付け、身支度を始めた。侑人君も自分のキャップをかぶり、靴を履いて保育室から出た。

浜田保育士は、きく組の子どもたち二〇名を園庭の中の正門の前に二列に並ばせ、人数を確認した。その後、子どもたちは二列のまま保育所を出発、畑に向かった。浜田保育士と川上保育士が子どもの列の前後に付き、学生ボランティアの小林君が、子どもの列の横に並ぶ形で歩いた。この日は侑人君が普段仲良くしているお友だちが二人とも欠席だったため、侑人君は別のお友だちの野口慎治君と手をつないで歩いていった。

畑に着いたのは、保育所を出てから約10分後の午前9時50分頃だった。

子どもたちは一斉に畑に入り、草むらで虫探しなどをして遊び始めたが、「あまり虫を捕ることが好きではない」（川上保育士。浜田保育士も後に同じ証言をしている）という侑人君は、慎治君と一緒に、畑にはあまり入らず、道路に近いところでおしゃべりをしたり、花を摘んだりして遊んでいたという。普段はダンゴムシなどを捕るのが好きで、虫嫌いな母親の八千代さんを怖がらせるほどだったのに、この日はあまり虫を捕らなかったのだろうか。

子どもたちが遊び始めて間もない午前10時頃、どんよりとした曇り空から急に雨粒が落ちてきた。川上保育士は子どもたちに「みんな、帽子かぶってね」と言って帽子をかぶらせたが、空は次第に暗くなってきた。そこで浜田保育士と相談し、保育所に戻ることに決めた。

まだ遊び始めたばかりだったきく組の子どもたちは、急遽、その場に集められた。二人の保育士は子どもたちの人数を確認したうえで、再び列を作って畑から保育所に戻り始めた。

保育所の正門前に戻ってきたのは、10時20分頃。子どもたちは正門からすぐに園庭に入らず、保育所の駐輪場の前の大きな桜の木に、セミの抜け殻があるのを見つけて集まっていた。そこでみんなでセミの抜け殻を触ったり、虫取り網を持ってきて木にとまっているセミを捕ろうとしたりして、再び遊び始めた。

この頃にはすっかり雨は小降りになっていたが、とても蒸し暑く、保育士たちも子どもたちもみんな相当汗をかいていた。

歩いている間は列になっていた子どもたちだが、桜の木の周りで遊びに夢中になっているうちに列はすっかり崩れてしまっていた。二人の保育士はこの時、子どもの人数を数え、全員がいることを確認している。

ちょうどその時、侑人君の祖母が保育所の前を通りかかった。

浜田保育士は侑人君に声をかけた。

「おばあちゃんだよ」

　侑人君は、

「おばあちゃん、バイバイ」

と、手を振って見送った。その姿を、川上保育士も見ていた。

　きく組の子どもたち、特に男の子たちはセミ捕りに夢中になっていた。浜田保育士は、幼虫から羽化したばかりの真っ白いセミを見つけ、子どもたちに見せていた。しかし、セミ捕りに飽きた女の子たちが、

「もう部屋に入りたい」

と言い出したことから、二人の保育士はきく組の子どもたちみんなに、

「そろそろ部屋に入りましょう」

と声をかけた。

　三歳児、五歳児クラスの子どもたちも雨を避けるため雑木林から保育所に戻ってきていた。子どもたちが正門のところに一気に集中したため、川上保育士は、まず三歳、五歳の子どもたちを順番に園庭に入れた。そのあとで「もう部屋に入りたい」と言ったきく組の子どもたちを何人か連れて園庭に入った。

　一方、きく組の子どもたち数名は、相変わらず同じ場所でセミ取りを続けていた。浜田保育

士は子どもたちと一緒に約7〜8分間、その場にとどまった。再び雨が強く降り出したこともあり、いよいよセミ捕りはできない状態になってきた。残っていた子どもたちがセミ捕りをあきらめた後、浜田保育士は子どもたちを園庭の中に入れ、自分も園庭の中に入って最後に正門を閉めた。

この日はスッキリしない天気であった。散歩の直後に降り出した雨は本降りにはならなかったものの、降ったり止んだりを繰り返した。昼頃になっても相変わらずどんよりとした曇り空が広がっていた。午前11時の上尾市の気温は二七・七度、湿度は七六・七％。日差しがない分、少し涼しく感じたものの、湿度が高いせいで蒸し暑く、みんな汗びっしょりになっていた。

思いがけない雨で散歩を中断し、保育所に帰って来たきく組の子どもたちは、10時40分頃にはいったん保育室に入った。その後、きく組の保育室のほか、廊下やホールなどで、各自ばらばらに遊び始めた。上尾保育所では、この時間を「自由遊びの時間」と呼んでいた。

「自由遊びの時間」には何も設定がない。子どもたちは自分の意志に従って自由に遊び回っていいことになっている。じっとしている子、常に動き回っている子もいた。同じ保育室の中にいても、粘土遊びをしている子もいれば、押し入れの中に入って遊んでいる子もいる。もちろん保育室の外に飛び出していく子もいた。そんな子どもたちの様子を見て、ボランティアの小林君は「すべての子どものことを把握することは、僕にはとても無理だ」と感じていた。

きく組の保育室に戻った浜田保育士は、背負っていた散歩用のリュックを下ろすと、「畑の草で切った」「虫に刺された」と言って集まってきた子どもたちに、薬を付けてあげたりしていた。それが終わると、先ほど保育所の門の前の桜の木で見つけた、羽化したばかりの白いセミを見せてあげようと思いつき、となりの三歳児の部屋に持って行った。

その後、浜田保育士は再びきく組の保育室に戻ろうとした。その途中で、ホールにいたはずのきく組の川口智也君が、事務所の方に歩いて行くのを見かけた。智也君は、浜田保育士に言わせれば、所長はじめ保育士たちみんなが「特に注意している」子どもであった。智也君本人も落ち着きがなく言うことをきかないところがあったのだが、それ以上に、智也君の保護者が保育所に対する「クレーマー」のような存在で、職員はその対応に苦慮していた。

散歩から帰ってきた後、浜田保育士は智也君がきく組の保育室から外に出て行くところは見ていた。しかし、智也君のことを「二日くらい前から、大人の目から逃げている」と感じていたことから、ここでも特に声をかけることはしなかった。

一方、もう一人の担任の川上保育士は、きく組の保育室の中で、ボランティアの小林君と共に、七人ほどの子どもと一緒に粘土遊びを始めていた。きく組の保育室に戻った浜田保育士も、押入れの前で四人の子どもと一緒にブロックを使って買い物ごっこを始めていた。

侑人君は、川上保育士、浜田保育士、小林君のいずれのグループの遊びにも参加していなかった。つまり、保育室の中にはいなかったことになる。

この時点で二人の保育士は、何人かの子どもたちが保育室から廊下やホールに勝手に遊びに出ていったことは認識していたが、誰がどこで遊んでいるか、何をして遊んでいるかについては、まったく把握していなかった。子どもたちが「自由遊び」で保育室の外に出ていっている間、二人はもっぱら保育室にいる子どもたちだけを相手に保育をしていた。

浜田保育士は、川口智也君や平山祐志君が、廊下ときく組の保育室との間を出たり入ったりしていることには気付いていたが、彼らが何をして遊んでいるのか、その具体的な内容についてはまったく把握していなかった。10時40分頃には、侑人君が川口智也君や何人かの子どもたちといっしょに、事務室かホールの方に行く後ろ姿を、浜田保育士は「見たような気がした」のだが、これも、はっきりと確認しているわけではなかった。

実はこのとき侑人君は、前田芳雄君、平山祐志君、川口智也君、澤田康一君、野口慎治君と一緒にきく組の保育室を出てホールの近くに行き、みんなで「セミごっこ」あるいは「セミの抜け殻ごっこ」をしていたという。それは鬼ごっこのようなかくれんぼだったと、子どもたちは後に警察の事情聴取に答えている。「セミの抜け殻ごっこ」は、セミの抜け殻が木に止まっているように、柱などにつかまっている遊び、「セミごっこ」は一人が人間に、残りがセミになり、セミが人間に捕まらないように逃げる、という遊びだという。いずれも子どもたちが独自に考え出した遊びのようだ。

しかし、これらは「自由遊びの時間」に行われていたもので、それがどのような遊びで、子どもたちが具体的にどのように遊んでいたかについては、保育士たちはまったく把握していなかった。

子どもたちの証言によれば、そのとき集まった子どもたちはじゃんけんをし、最初に負けた侑人君が、まず鬼になったという。侑人君以外の子どもたちはみんな、ホールのカーテンの陰に隠れたりしていたのを、「鬼」になった侑人君が探した。次に、侑人君が最初に見つけた平山祐志君が鬼になって、ほかの子たちが隠れた。子どもたちは祐志君が数を数えている間に、どこかに隠れた。祐志君はまず慎治君、次に智也君、芳雄君、康一君の順番で見つけていったが、侑人君は最後まで見つからなかった。そこで子どもたちはみんなで侑人君を捜したのだが、見つけることができないでいた、という。

午前11時頃には、浜田保育士は廊下の角の部分にある三角倉庫の前に置いてある本棚の近くに場所を移し、きく組の子どもたち六人と一緒に「遠足ごっこ」というおままごとをして遊んでいた。しかし、そのときには「セミごっこ」をして遊んでいたというきく組の子どもたちの姿は見かけていない。子どもたちが「セミごっこ」を始め、最初に鬼になった侑人君が全員を捜し出すまでに10分程度はかかったと考えると、侑人君が「セミごっこ」で隠れたのは、「10時50分から11時くらいの間」（最終準備書面）だったと推定される。

ケガをした三歳児クラスの子どもの治療を終え、0歳児クラスに戻った大塚看護師は、四人ほどの0歳児クラスの赤ちゃんが乗ったワゴン車を古屋主任から引き取り、上のクラスのお兄ちゃん、お姉ちゃんたちに遊んでもらおうと、五歳児クラスに遊びに行った。ところが五歳児のクラスには誰もおらず、四歳児、三歳児のクラスも、「自由遊びの時間」の片付けと給食の準備とで相当ごたごたしている様子だった。そこでそのままワゴン車を押して廊下を歩いて0歳児のクラスまで戻ってきた。園内を散歩するような状態だったのだが、三角倉庫の前の本棚のあたりを通り過ぎようとした時、その場のあまりの暗さにハッとして、一瞬立ち止まった。後ろを振り返り、「なんて暗いんだろう」とひとりごちながら、その場を後にして0歳児クラスに戻っている。

11時15分くらいになると、本棚の近くにいた浜田保育士は、子どもたちに「お片付けをしようね」と声をかけ、きく組の保育室に戻っていった。

一方、川上保育士は、ボランティアの小林君と一緒に、きく組の保育室で粘土遊びを続けていたが、やはり11時15分頃になると、粘土を片付け、子どもたちに片付けや手洗いを指示するなど、給食の準備を始めた。ちょうど同じ時刻の頃、短時間臨時職員である小山芳江保育士が、早番の川上保育士と交代するためにきく組に入り、給食の準備のために保育室の掃き掃除を済ませた。川上保育士、小山保育士が、給食を食べるために机を並べている間、浜田保育士は給食室に配膳用のワゴンを取りに行った。そして、給食の配膳が始まった。

早番の川上保育士は、午前11時30分頃に交代の時間を迎え、小山保育士と交代してきく組の保育室を出て、休憩室に向かった。その際、きく組の澤田康一君が子ども用のトイレの前でいじけたように「体育座り」している姿を目撃した。

「誰かと遊んでいるという感じではなく、何かがあっていじけている感じ」

そう感じた川上保育士は、康一君に声をかけた。

「どうしたの、康ちゃん。何いじけてんの？」

しかし、その声に応えることなく、康一君は背を向けてしまった。子どもがいじけたようになるのは特別珍しいことではないと思った川上保育士は、それ以上康一君に関わるのを止めた。「いつもいじけていても給食だけはきちんと食べる子。放っておいても給食が始まれば教室に戻って食べるだろう」。

そして、そのまま休憩室に向かった。

川上保育士と交代した小山保育士は、保育室の片付けを終えると、今度は昼寝の準備のためにホールにゴザを持っていった。その時に、廊下の本棚の近くで川口智也君、澤田康一君、前田芳雄君の三人の子どもがいるのを見かけている。

四歳児クラスでは午前11時20分に給食をいただくことになっている。すでに、きく組の保育室では給食の準備が出来ていた。保育室にいた子どもたちはみんな席に着いたのだが、配膳されたお皿が余っている。それを見た二人の保育士は、部屋にいない子どもたちを呼び戻すため、保育室の外に出た。浜田保育士は、まず、子ども用トイレのところで一人で座っていじけたようになっていた康一君を連れて保育室に戻ろうとした。その途中で、子ども用トイレの水道のところにいた、芳雄君、祐志君、智也君の三名の子どもを呼び戻し、全員を保育室につれて帰った。四人を席に着かせようとしたが、前田芳雄君だけは「お腹がいたい」といって、着席しなかった。

保育室の外にいた子どもを全員集めて呼び戻し、席に着かせたというのに、テーブルの上に置かれたお皿はまだもう一人分余っていた。

もう一人、誰かがいない。いったい、誰が……？

その場にいる子を一人ずつ確認してからようやく、二人の保育士は気がついた。

「侑人君がいない」。

事件の発覚

きく組を担当していた二人の保育士が、侑人君がいなくなっていることに気付いたのは、午前11時35分頃のことであった。

浜田保育士は子どもたちに侑人君がどこにいるのか尋ねたが、子どもたちから返事はなかった。散歩の時、一緒に手をつないでいた野口慎治君なら何か知っているのではないかと思い、

上尾保育所見取り図

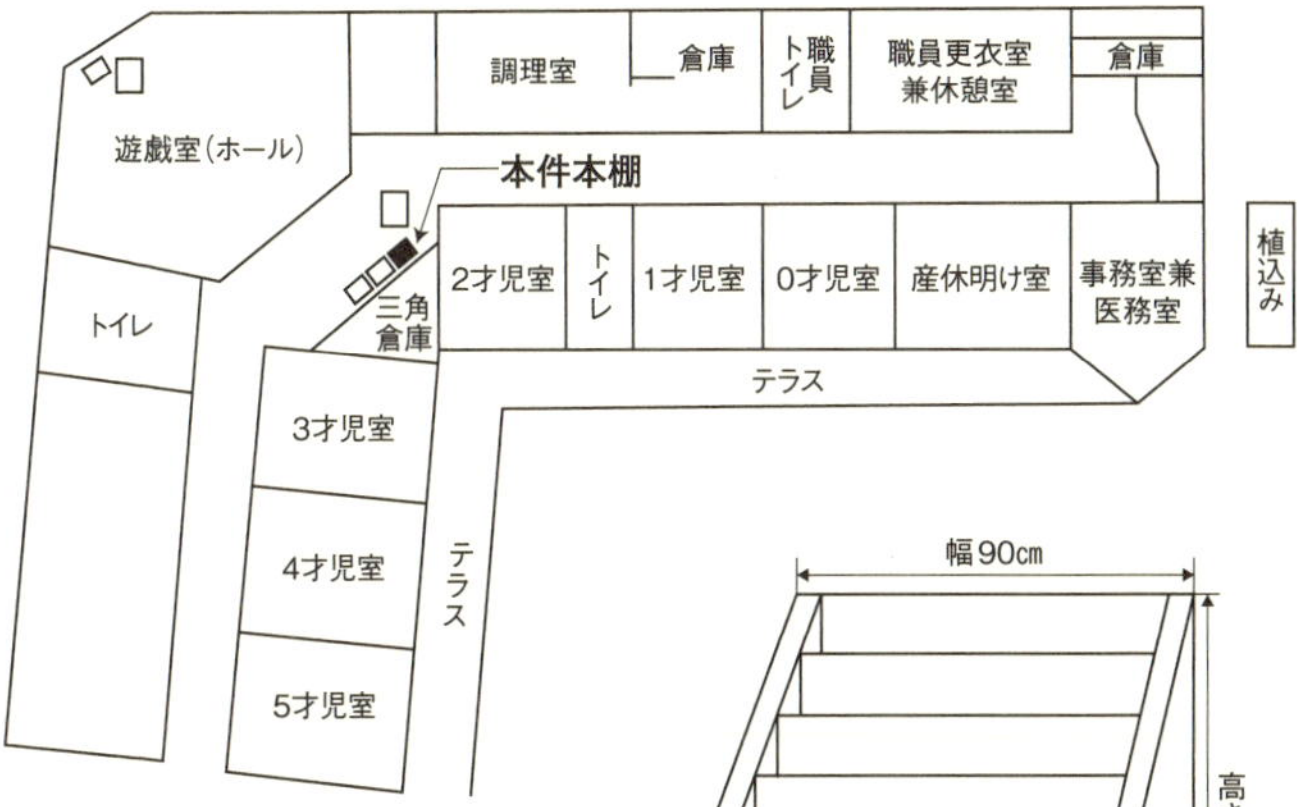

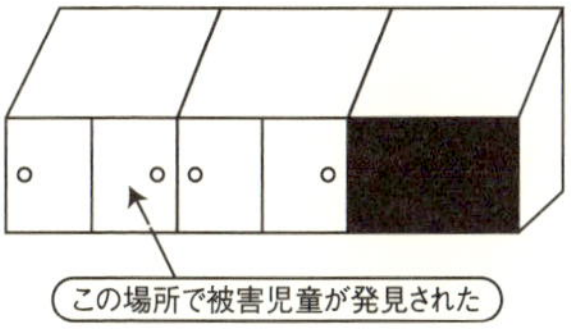

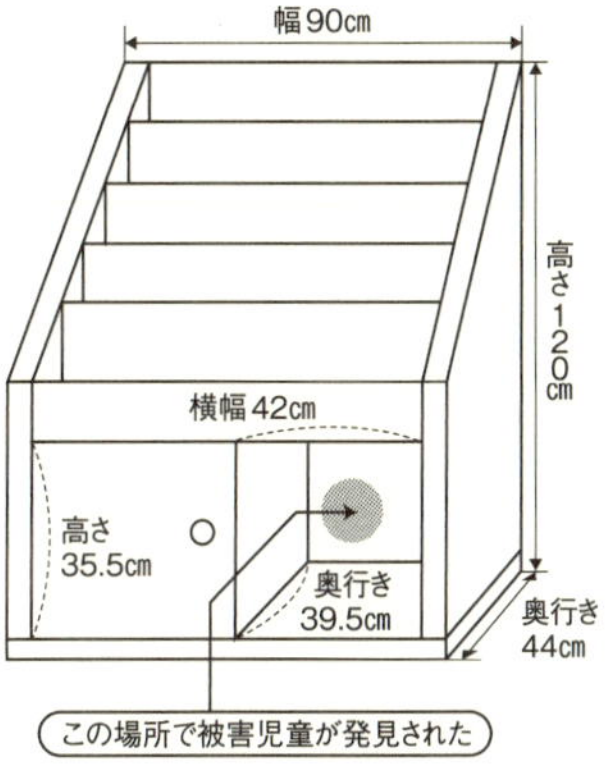

※右端の本棚には本が入っていたため、引き戸がはずされていた。左端の本棚の中で、被害児童が発見された。

「侑人君、知ってる？」

と尋ねてみた。ところが、

「いつもなら、先生、大変だよ、大変だよーって手を引っぱってでも連れて行ってくれる子どもたち」なのに、この日は、

「へえ〜？」

などとおどけているばかりで、何も答えてくれなかった。

侑人君と一緒にいたと推測される子どもはほかにもいた。智也君、芳雄君、祐志君、康一君である。彼らが給食の配膳が済むまで保育室に戻ってこなかったことを考えれば、侑人君と一緒にいたのではないかということはすぐに推測できる。侑人君と一緒にいたかどうか定かでなかったとしても、子どもたちに問いかけることはおかしなことではないし、それはむしろ手順としては当然のことだったはずだ。

しかし、その子どもたちに直接、浜田保育士が、

「侑人君がどこにいるか知らない？」

と尋ねたりはしなかった。

ホールにゴザを持って行った時に、康一君、智也君、芳雄君の姿を廊下で見かけた小山保育士だけは、それとなく彼らに聞いていた。

野口慎治君は、

「僕、侑人君と手をつないで帰って来たよ。保育所の前の木のところで、セミ採りしたよ」

澤田康一君は、

「僕、侑人君と一緒にホールで遊んでいたよ。水を飲みに行ってずっと帰って来なかったんだよ。消えちゃったよ」。

川口智也君は、

「侑人君とホールでセミごっこをして遊んだよ」

と話していた、と小山保育士は後に言っている。しかし、そんな子どもたちの言葉は、他の保育士たちには伝わらず、侑人君を捜す時に生かされなかった。

四歳児クラスの子どもたちなら、ある程度のことは保育士などの大人に状況を説明できるはずだ。裁判などで子どもの証言は「証拠」にはならないなどとも言われるが、日々、子どもに接している保育士が、子どもたちの言葉を信じられないものだろうか。

子どもたちから何の返答もないとわかると、浜田保育士はとっさに保育室を出て、保育所の廊下、トイレ、倉庫、ホールなどを捜した。しかし、そこで侑人君の姿は発見できなかった。

午前11時40分頃になって、浜田保育士は、

「早番の川上先生にも伝えなきゃ」

と思いついた。休憩室で休んでいた川上保育士のところへ行き、侑人君がいないことを伝えた。

次に浜田保育士は園庭に出て、侑人君を捜し始めた。事務所からその姿を見かけて不審に

思った主任の古屋保育士は、浜田保育士にどうしたのかと問いかけた。そこで初めて「侑人君がいなくなった」という事実を知らされた。

古屋主任は、とっさに園児の靴箱を調べた。侑人君の靴は靴箱にあったので、侑人君は園内にいるはずに違いない。しかし、浜田保育士は靴を二足持ってきている子もいると思い込んでいた。しかも、すでに保育所の中は探したという。探したけれど、侑人君の姿を見つけることができなかった、というのだ。

そのとき、浜田保育士は古屋主任にこう告げた。散歩から帰って来たときのことを思い出したのだ。

「侑人君はおばあちゃんに会ったから、もしかしたら保育所の外に出て行ったのかもしれない」

それを聞いた古屋主任は浜田保育士に、侑人君の自宅と祖母の家に探しに行くように指示を出した。浜田保育士は自転車で、侑人君の祖父母宅や自宅、畑、林の方に探しに行った。

古屋主任は、各クラスの保育室に行き、保育士たちに、

「侑人君を見なかった?」

と尋ねて回った。さらに、各クラスの保育士に対して、

「侑人君がいないので、保育所の内外に探しに出てほしい」

と指示を出した。そこで、他の保育士たちの何人かが捜索に加わった。

0歳児クラスの橋口保育士は、

「おばあちゃんが買い物に行くのを見ていたからついていったのかもしれない」

と古屋主任に言われ、自転車で保育所の外に出て、周囲を探して回った。同じく0歳児クラスの大塚看護師も、子どもたちをいつもよりも30分早い12時に寝かしつけると、保育所の外に探しに行った。

一歳児のクラスには吉岡保育士、津山保育士がいた。

「侑人君を見なかった？」

という古屋主任の問いかけに対し、津山保育士は、

「大きな園児は見かけませんでした」

と答えた。吉岡保育士は侑人君の顔を知らなかったため、顔を知っている元島保育士が捜索に加わることになった。元島保育士は保育所の外に出て、侑人君が一人で行くかもしれないと考えられる場所を思いつくままに探したのだが、結局、侑人君を発見することはできなかった。

二歳児クラスの梅沢保育士、寺原保育士は、保育所内を捜索した。二人とも侑人君の顔をよく知らず、外を探すことは不可能だと判断したためだ。侑人君の顔を知っている丸尾主任保育士は、この日、二歳児の保育に入っていたのだが、梅沢保育士と交代して保育所の外の捜索に加わった。丸尾主任保育士は保育所の近くの川沿いや祖母の家、スーパーやコンビニなどを探したが見つからなかった。

三歳児クラスでは、前年度、侑人君の担任だった星野保育士と、安西保育士が、クラスの子

どもたちを見ながら、簡単に保育所内を探した。しかし、すでに何人もが見て回っている所内で、簡単な捜索をしただけでは侑人君を発見することはできなかった。

五歳児クラスでは、二人いる担任のうち、島村保育士に子どもたちの保育を任せ、杉原保育士が捜索に加わった。杉原保育士は休憩室から戻ったきく組担任の川上保育士と共に、侑人君の自宅マンションまで行ったのだが、そもそも侑人君の自宅のマンションの部屋番号すらわからない状態で出かけていくようなありさまだった。結局、自宅付近では侑人君を発見することはできず、二人は保育所内に戻って再び保育所内を捜索した。杉原保育士は保育所に戻ってくると、島村保育士と交代。島村保育士も保育所の周囲や侑人君の家などを捜索した後、再び保育所に戻り、所内を探した。

保育所内を捜索した保育士たちはそれぞれ、ホールや三角倉庫、トイレ、休憩室、カーテンの裏側、押入の中などを探したのだが、誰一人として、ついに侑人君を発見することができなかった。川上保育士は再び自転車で保育所の外に探しに行った。

担任の浜田保育士から、侑人君が自宅や祖母の家にも帰っていないことを聞いた古屋主任は、

「侑人君は警察に保護されているのかもしれない」

と思いついた。そこで、0歳児クラスの橋口保育士に、上尾警察署に行くように指示した。

指示を受けた橋口保育士は、午後0時5分頃、侑人君の捜索願を出すために上尾警察署に向かった。すると、警察署の通用口の付近で、ちょうど午前中の研修を終えて昼食をとるため保

育所に戻ろうとしていた江波所長に、偶然出会った。その場で、橋口保育士は江波所長に「侑人君が所在不明」であることを伝えた。

　これを聞いた江波所長は慌てて上尾保育所に戻ってきた。到着したのは午後0時15分頃のことだ。市役所の児童福祉課にも電話を入れると、佐藤今朝雄課長がすぐにかけつけ、上尾保育所の脇を流れている川の流域を探している。

　江波所長は、古屋主任から、

「保育所内を探したが、いない」

という報告を受け、すぐに自転車で外に出て、主に川沿いを捜索した。しかし周囲の様子をみながら、江波所長はふと思った。

「こんな、誰もいないところに本当にいるのかな。侑人君は保育所の中にいるんじゃないだろうか」。

　侑人君は一人で外に出るような子ではない。保育所のどこかで寝ているようなことはないだろうか……。

　江波所長はそう思い直し、再び上尾保育所に戻った。

　保育所に戻った江波所長は、念入りに保育所内の捜索を始めた。午後0時25分頃、三角倉庫などを捜した後、三角倉庫の横に設置してある本棚が目に入った。本棚は絵本の表紙が正面を向くように差して入れるタイプのもので、棚の下には収納庫があり、引き戸がついている。収納庫の大きさは内寸で高さ35・5㎝×横幅42㎝×奥行39・5㎝。決して大きくはないが、子どもが入らないとは言い切れない。江波所長は、

「もしや」

と思ってその引き戸を開けた。

実は江波所長が本棚の下にある収納庫を開けようと思い至ったのには、わけがあった。一年ほど前の平成16年8月頃のことだ。同じ収納庫に四歳児くらいの園児が頭から入って出たり、おしりから入って出たりしている姿を見たことがあり、危ないからやめるように注意したことがあったからだった。

ひっかかって開けにくい収納庫の引き戸を5㎝ほどあけると、中から人間の「手」のようなものが見えた。

「小さな手が見えたんで、私、お人形だと思ったんです。樹脂のお人形があるでしょう？　保育室に。お人形だと思いながら、バッと開けたんですよ」。

しかし、江波所長が見たのはお人形などではなく、侑人君の小さな手であった。侑人君は、横向きに寝るような形で脚を折り曲げ、その狭い本棚の収納庫の中に入っていたのだ。

「侑人君！　侑人君！」

発見されたとき、侑人君は汗びっしょりで、体温が高く、意識がない状態であった。収納庫中も汗で浸みているような状況だった。江波所長は侑人君をその狭い収納庫の中から抱えるよ

うにして引っ張り出した。所長に抱えられた様子を何気なく見た二歳児クラスの寺原淳子保育士によれば、侑人君は、

「白目を剥いて、全身がだらりとした状態」

であったという。寺原保育士は思わず侑人君に駆け寄り、その体を触ると、まるで発熱しているように熱かった。

「氷を持ってきて！　救急車を呼んで！」。

所長の叫び声に、他の保育士や子どもたちも何事かと集まってきたが、所長は大声で、

「近づかないで！」

と叫んで制止した。

古屋主任は侑人君の状態を見る前に、所長の叫び声を聞いて異常を察し、すぐに上尾消防署に電話をして、救急車を要請している。古屋主任の、

「呼吸はあるの⁉」

という叫び声に、侑人君のそばにいた寺原保育士は口元に手をかざしたり首元に手を当てたりして脈を確認してみた。脈があるように感じたため、

「ある！」

と大声で返答した。

侑人君の体温を下げようと、江波所長は調理場から氷を持ってくるように叫んだが、氷はな

かった。大きなやかんの中に入っていた水を使い、脇の下にタオルを置いて、どんどん水をかけ、

「侑人君！　侑人君！」

と叫び続けた。寺原保育士は調理場で保冷剤のようなものを見つけ、それを何個かビニール袋に入れたところに水を入れ、侑人君の体に当てて懸命に冷やそうとしていた。

大塚看護師は外に捜索に行き、保育所内にいなかったため、ちょうど外の捜索から帰って来た浜田保育士が、侑人君の気道を確保して人工呼吸をした時、救急車が到着した。

午後0時31分。古屋主任が上尾消防署に電話をして救急車を要請してからわずか3分での到着だった。

救急車のサイレンの音を聞き、近所で捜索にあたっていた大塚看護師は、すぐに急いで保育所に戻ってきた。

「本棚の下にいたんだって！」。

誰かのそんな言葉を耳にした大塚看護師は、廊下を走って本棚の前に行った。そこで、仰向けに寝かされ、顔が青くなってぐったりしている侑人君の姿を見た。看護師として病院で働いた経験のある大塚看護師は、口には出さなかったものの、一目見ただけですぐに侑人君の状態を把握した。

「心臓と呼吸が止まっている」。

しかし大塚看護師は、「青黒くなり始めている」と思った侑人君に対して、すぐに心臓マッサージを一度行った。必死だった。

「看護師として、何かやらなければ」。

そんな思いで必死だった。

そのとき誰かが、侑人君を見て言った。

「息、してる」。

大塚看護師はそれまで無我夢中だったのだが、その言葉を聞いてハッと我に返った。侑人君が本当に息をしたかどうか、わからなかった。でも、

「落ち着かなければ」

と自分に言い聞かせ、懸命に冷静になろうとしていた。

そのころ侑人君の自宅では、父親の高志さんが夜勤明けで午前9時過ぎに帰宅し、仮眠を取っていた。午後0時45分頃、浜田保育士、川上保育士の二人が、突然、自宅を訪ねてきた。

「侑人君が埼玉医大に救急車で搬送されたので、至急向かってほしい」。

そう告げられた高志さんは、慌てて埼玉医大に向かった。

母親の八千代さんの職場には保育所から「至急連絡がほしい」という伝言があった。また、午後0時32分頃には携帯の留守番電話に「侑人君が本棚の中から見つかって気絶状態」という

連絡が入っていた。

八千代さんは、侑人君が、

「暑くて倒れたのかな」

という程度に考えていた。高志さんと連絡を取って、埼玉医大で落ち合う約束をし、職場を後にした。


一方、保育所では、侑人君に心臓マッサージをした大塚看護師が救急隊の人と交代して、その後の処置を任せた。そして、運ばれる侑人君と所長と一緒に救急車に乗り込んだ。

午後0時46分、侑人君を乗せた救急車が保育所を出発した。佐藤児童福祉課長は、市役所の健康福祉部長に電話を入れ、

「容態がかなり悪いようなので、病院へ一緒に行ってほしい」

と要請した。また、市長が不在だったため、助役にも病院に来てもらうように頼んだ。

救急車は0時59分に川越市にある埼玉医科大学救命救急医療センターに到着、蘇生措置が施された。夫の高志さんが先に到着し、その後に八千代さんが1時30分頃に到着した。高志さんは八千代さんに、

「今、手を尽くしているところだ。侑人のそばにいよう」

と声をかけた。

センターでは懸命の蘇生が行われた。しかし、八千代さんの到着から30分も経たないうちに、二人は医師の思いがけない言葉を聞くことになった。

「お父さんとお母さんのご了解を得て、蘇生を終了させていただきます。時間は午後1時50分です」。

救命救急医療センターの担当医師は、静かに告げた。

午後1時50分、侑人君の死亡が確認された。検死の結果、死亡推定時刻は午後0時25分頃、死因は「熱中症」とされた。

高志さんと八千代さんの時間は、その日、その瞬間からずっと止まったままである。

第二章

事件に至る経緯

侑人君の誕生まで

児童福祉法に基づいて設置されている日本の保育所は、本来、子どもを預かり、その命を守るための場所であるはずだ。子どもを守るための場所にいながら、なぜ、侑人君はわずか四年五か月という短い人生を終えることになってしまったのだろうか。侑人君が亡くなった原因はどこにあるのだろうか。

事件が起きた原因について考えていくためには、まず、侑人君がどのように生まれ、育ち、両親やその他の家族、保育所の保育士やお友だちとどのように関わってきたのかを知ることが重要だと考える。同時に、保育所でどのような保育が行われていたのか、侑人君はどのような保育を受けていたのかを知ることも重要になってくる。

というのも、侑人君の命は、誰か特定の人物による単純な「過失」によってではなく、複合的な要因によって奪われたのではないだろうかと推定されるからだ。そこでまず、侑人君の生い立ちをていねいに追っていきたい。

榎本侑人君は、平成13年3月7日午後1時38分、父親の高志さん、母親の八千代さんの長男として誕生した。身長五〇センチメートル、体重二八八〇グラム。逆子だったため、妊娠三七週で帝王切開による出産であった。

両親は「人を助ける（侑ける）ことのできる優しい人間になってほしい」という思いを込めて、「侑人」と名付けた。

榎本夫妻にとっては、長らく待ち望んだ赤ちゃんであった。夫妻が結婚したのは、平成6年1月24日。当時、高志さんは三一歳、八千代さんは二六歳だったのだが、なかなか子どもを授からなかったことから、二人は結婚三年を過ぎた頃から不妊治療を開始した。それでもなかなか思うような結果はでず、不妊治療は続けられた。

「もう子どもを授かることはできないかもしれない」。

二人がそうあきらめかけていた結婚八年目、不妊治療四年目にしてようやく授かったのが一人息子の侑人君であった。

妊娠当時、八千代さんはパソコンのオペレーターとして勤務していたのだが、電車通勤が負担になって流産することを恐れていた。八年もの間待ち望み、せっかく授かった赤ちゃんを無事出産したいという思いから、妊娠一三週の時に仕事を辞めた。それからは主に自宅で過ごし、熱心に母親教室に通うなど、侑人君を迎える準備を万全に整えたうえでの出産だった。

侑人君の誕生は、夫婦にとって計り知れない喜びであった。夫婦だけでなく、夫婦の両親やきょうだいなど、家族みんなを幸せにした。特に高志さんの両親にとっては初孫で、八千代さんの両親にとっても初めての男の子の孫であったことから、両家の祖父母はたくさんの愛情を侑人君に注いでいた。

八千代さんは、出産後一か月ほど、本庄市にある実家に滞在した。その間、八千代さんの両親は初孫の侑人君と添い寝するなど、孫を思う存分慈しんですごした。その後も八千代さんの実家には、月に二回ほど往き来していた。

高志さんの実家は一家が住むマンションの近くにあったので、日頃から頻繁に往き来していた。やがて侑人君が保育園に入ってからは、病気の時や母親がお迎えに行けない時などは、祖母が代わりにお迎えに行き、祖父母の家で母のお迎えを待つこともあった。

夫妻はもちろん、祖父母もきょうだいも家族みんなが、侑人君を育てることに全力を注いできた。侑人君は両家の家族全員にとって、いわば「生き甲斐」のような存在だったのだ。

家庭保育室に入る

榎本夫妻は、侑人君が生まれてからは生活のすべてを侑人君中心にしようと考えていた。特に八千代さんは、高志さんの弁によれば「自分のすべてを捧げて、全身全霊で」侑人君のことをかわいがっていた。

しかし、実際には父親の高志さんは、気持ちとは裏腹に、侑人君と関わる時間を持ちにくい状態だった。アメリカから日本にフランチャイズ展開が始まったばかりの会社で宣伝・販促の仕事に携わっていたため、非常に忙しく、毎日早朝に出勤し、深夜に帰宅するのが常であった。上尾から東京にある会社までの通勤にも時間がかかっていた。

その間、八千代さんは二四時間、侑人君につきっきりになっていた。八千代さんがあまりにも侑人君の育児に夢中になっている姿を見て、高志さんは「このままでは妻が育児ノイローゼになる」と感じたほどだった。

「いつか子どもが離れていくときに、君が大変だよ。侑人を保育園に預けて仕事を始めてみれば？」。

高志さんはそう勧め、二人は話し合った。一人っ子の侑人君が、母親だけでなく、ほかの子どもたちとも触れ合う中で刺激を受けてたくましく育ってほしいという思いもあり、八千代さんは仕事を再開し、侑人君を保育園に預けることにした。

夫妻の自宅の近くに、0歳児からの保育を行っている市立上尾保育所があったため、まずは上尾保育所に入所を申し込んだのだが、希望者が多かったことから認められなかった。市の児童福祉課に相談し、そこで勧められた家庭保育室「ひまわり保育園」に侑人君が入園したのは、平成14年4月1日。侑人君はちょうど一歳になっていた。

「ひまわり保育園」は「家庭保育室」と呼ばれる認可外保育施設である。「埼玉県家庭保育室運営費補助金交付要綱」が定める基準に基づき、乳幼児（0～二歳）の保育を行い、上尾市から一定の補助金を受けている。定員は一三名で、五名の保育士が子どもの保育にあたっていた。

規模が小さいこともあり、「ひまわり保育園」は家庭的な雰囲気の保育園だった。園長はクリスチャンで、夫妻は「博愛精神を実践している」と感じていたという。ほかの保育士たちも、園長と同じように侑人君や夫妻に温かく接してくれた。初めての育児に懸命になるあまり戸惑いも多く、「子育てに自信が持てない」と感じることもあった八千代さんだったが、そういった悩みを率直に園長や保育士たちに相談し、励まされて日々を過ごしていた。

「ひまわり保育園」に入園してから一か月後、上尾保育所で児童の欠員が出たため、上尾市から侑人君の入所許可の通知が届いた。家からは上尾保育所の方が近いが、「ひまわり保育園」にも馴染んでいる。夫妻は話し合い、三月生まれで月齢が低く、一人っ子で穏やかな性格の侑人君には、より家庭的な「ひまわり保育園」のほうがふさわしいだろうという結論に達した。そこで、上尾保育所の入所を辞退することにした。

それから二年間、侑人君は「ひまわり保育園」で穏やかに、のびのびと成長していった。侑人君には、大人から見れば小さなことでも本人が納得しないとゆずれない「こだわり」があった。しかし、園ではそれはわがままではなく「個性」と前向きに捉えられた。「尊重されている」

と夫妻は感じていた。また、侑人君の穏やかな性格や優しさも、肯定的なものと捉えられていた。園長や保育士との信頼関係もしっかり築くことができていたことから、夫妻は侑人君を安心して園に預けていた。

「ひまわり保育園」は二歳児までの保育室であるため、三歳の誕生日を迎えた年の3月31日までしか在園できない。入園から二年後の平成16年3月、侑人君は三歳の誕生日を迎えたその月に「ひまわり保育園」を卒園。同時に、翌月の平成16年4月1日から、かつて一度は入所を辞退した市立上尾保育所に入所した。

上尾保育所に入る

上尾市立上尾保育所は、上尾市の中心部に建つ公立の認可保育所である。開設されたのは昭和28年12月15日と歴史は古く、平成4年に現在の場所である上尾市本町四―一三―一に新築移転した。保育所の建物は鉄筋コンクリート造二階建だが、二階部分は市の乳幼児相談センターとして利用されており、子どもたちが生活する園舎は一階部分のみである。園舎の面積九九三・一〇平方メートル、敷地面積二九一七・一八平方メートル。定員一二〇名程度の公立保育所としては、十分な広さを備えている。
開所時間は、平日は午前7時から午後7時まで。土曜日は午前7時から午後6時まで。日曜、祝日はお休みである。通常保育の時間は、平日が午前8時30分から午後5時まで、土曜日は午前8時30分から午後0時まで。その前後が時間外保育（延長保育）になる。（当時）
上尾保育所での一日の生活は、次のようなものだった。

7：00　時間外保育
8：30　順次登所、健康チェック
9：30　遊び、クラス別活動
　　　　おやつ（0～二歳児）
11：00　給食（0～二歳）
11：30　給食（三歳以上）
12：00　お昼寝準備、お昼寝（0～二歳）
12：30　お昼寝準備、お昼寝（三歳以上）
14：00　目覚め、着替え（0～二歳）
14：30　目覚め、着替え（三歳以上）
14：30　おやつ（0～二歳）

15：00　遊び　（0～二歳）
15：00　おやつ、遊び（三歳以上）
16：30　健康チェック、順次降所
17：00　時間外保育
19：00　閉所

侑人君は、その上尾保育所の三歳児クラス「ばら組」に入った。ばら組の定員は二四名。平成16年4月に三歳児クラスから途中入所した子どもは、二四人中侑人君を含めて四名。担任は浜田知美保育士と、星野寛子保育士の二人であった。

三月生まれの侑人君は、ばら組の中でも月齢が低いため、他の子たちとの間に言葉の発達でも相当の差があった。また、0歳から持ち上がった子がほとんどで、すでに友だちの輪が出来上がっていたことから、途中入所の子にとってはすぐに馴染みにくい雰囲気があった。侑人君が上尾保育所で楽しい生活を送るためには、入所した時からすでに二つの大きなハンディを背負っていたことになる。

侑人君は平成16年4月に入所してすぐ、慣らし保育が始まった頃から、保育所に行くのを嫌がるようになった。

「ひまわりだったら行く」

そんな言葉が出ることもあった。

しかし、それでも侑人君は頑張って保育所に通い続けた。八千代さんに、

「ママ、お仕事に行けなくなっちゃうから」

と言われれば、素直に母親の言うことを聞き、ダダをこねたりすることはなかった。

担任の浜田保育士からは、

「慣らし保育の時にわがままを言わせないように」

とも言われていた。

「わがまま」と言われれば、親は自分たちの育て方が悪いかのように思ってしまうものである。世の中に出れば、「わがまま」が通じないことなどたくさんある。「わがまま」をどこまで許すのか。許さないほうが子どものためになるのではないか。それは子育て観や、子育ての方針につながるものだ。なんとなく、「わがままは悪いこと」「わがままを許しては子どものためにならない」という意識が多くの親にある。

高志さんも八千代さんも、侑人君には強く、たくましく育ってほしいと願っていた。侑人君が多少嫌がったとしても、無理にでも上尾保育所に通わせることが本人のためになると思いこむ以外になかった。

上尾保育所では、三歳以上の子どもでも必要な場合にはＡ６版の大学ノートを連絡帳として担任と保護者とのやりとりに使うことになっていた。榎本夫妻もこの大学ノートを担任とのや

りとりに使っていた。

裁判の証拠として提出された連絡帳の記述を見ると、夫婦の悩みや侑人君への思いがあふれている。初めての子育てにとまどい、月齢が低くハンディを背負っている侑人君のことをハラハラしながら見守っている。さらには自分たちの代わりに日中の保育をしてくれている保育士に対し、ことあるごとにくり返し感謝の言葉を述べている。「ありがとうございます」「よろしくお願いします」「申し訳ありません」といった言葉が、時に過剰ではないかと感じるほど、何度も繰り返し出てくる。

連絡帳には、まさに「全身全霊をかけて」侑人君を慈しんで育てている夫妻の愛情がにじんでいる。

4／6　慣らし保育の間、先生方に大変なお手数をおかけします。本当にありがとうございます。これから一年間よろしくお願いいたします。（母）

4／11　週末は少しセキをしていましたので、医者へ行きました。少しカゼをひいているようでしたが、薬を飲むとほとんどよくなりました。週末は親子三人で仲良く過ごしました。また来週からうまくいくか？　少しドキドキしています。（母）

4／12　先週金曜日同様、泣かずに、また嫌がらずに登所でき、ほっとしています。保育所での生活に慣れ、きっとはしっこいことも増えてきたのだと思います。お友だちと仲良

くできているか少し心配です（父）

保育所保育指針によれば「乳幼児期は子どもの心身の発育・発達が著しく、また、基礎が形成される。しかし、一人ひとりの子どもの個人差は大きいため、保育に当たっては、発達の過程や生活環境など子どもの発達の全体的な把握をしながら行う必要がある」とされている。

しかし、三歳児・四歳児とクラス担任だった浜田保育士は、3月7日生まれで、クラスの中でも最も月齢が低いグループにいた侑人君の成長を「遅れている」と感じていたようである。

「入所してきた当初は、ほかの児童と比べて家庭でできるようなこと、つまり、食事のときにフォークやお箸を使って食べることができない、意思表示がきちんとできない、気が弱くてすぐに泣き出す、歩き方がぎこちなく転びそう、おしっこや着替えが一人でできないような子だったのです」

と指摘していた。

しかし、三歳児でこれらのことが完ぺきにできる子がどれだけいるだろうか。最近、ある幼稚園の先生に聞いたところでは、今は三歳で入園してくる子どもたちの半分以上がおむつが取れておらず、入園から数か月はおむつの世話だけで、幼稚園の保育メニューをほとんどこなせない状態のことも珍しくない、という。0歳から保育を受けている子どもも多い保育所では、おむつが取れるのも、自分で食べられるようになるのも、家庭で育てている子どもに比べればやや早いかもしれないが、それでも三歳ですべてのことを身につけている子は、月齢が高い子たちに限られるのではないか。

「侑人君は三歳児の後半になってきたとき、トイレに一人で行けるようになったり、食事も箸でできるようになったり、成長している状況はありました」

と後に浜田保育士は述べているが、その直後に、

「しかし侑人君の場合、気が弱いところがあるため、同じクラスの児童に、意地悪されたりして泣いていることが多かったのです。（中略）侑人君が自分自身でハッキリと意思表示が出来ないために、言われていることなので、侑人君に〈仲間に入れてとか、僕のおもちゃだよ〉とか、自分の口で言いなさいと言い聞かせたりしました」

とも話している。月齢が低い子への配慮が圧倒的に欠けている。

侑人君は「ひまわり保育園」に通っているときから、「こだわり」がある子であった。とはいえ、次の記述にあるようなことは、子どもなら誰でもあることだろう。取り立てて何か問題になるような「こだわり」とは感じられない。

4／13　今朝も泣かないで登所してくれたのですが、「くつ下を脱がない！」といいだして大泣きをしてしまいました。日中はどうでしたでしょうか？　（中略）くつ下の件は、

安全面の上でよくわかっているのですが、今まで家庭保育園では脱ぐ習慣がなかったので、とまどっていると思います。まだ慣れていないのをがんばって登園しているので、くつ下の件で、なにがきっかけでぱくはつするかなあと思っています。でも、徐々に脱がす習慣に慣らせるので、大目に見ていただきたくお願い申し上げます。朝だめな時は（大泣きした時）、時間をおいて、ぬがせていただけませんでしょうか？　自分勝手な理由で申し訳ありません。何かひとつのことに異常にこだわるクセみたいなのがあります。時たま、大泣きしたりするとパニックになったりすることがあります。本当にお手数ですが、よろしくお願いいたします。（母）

「ひまわり保育園」では、侑人君の「こだわり」が問題視されることはなかった。むしろ個性として尊重されていたようにさえ感じていた。しかし、上尾保育所の保育士に同じように「個性」だと感じてはもらえなかった。八千代さん自身も、侑人君の「こだわり」を「個性だから」と言い切る自信がなかったように思える。

「ひまわり保育園」で大切にされてきたことが上尾保育園では大切にされなかった。その違いのひとつは園の規模の違いにもあるかもしれない。「ひまわり保育園」が、園全体で一三〜一五名程度の定員だったのと比べると、上尾保育所は三歳のばら組のクラスだけでも子どもが二四人もいる。幼児クラスになると、保育士の配置が急に少なくなる。思えばかつて私にも、最初の子どもが三歳児クラスになった時、「手薄くなった」「なぜこんなに先生が少ないのか」と不安になった経験がある。いきなり大きな集団に入ったことで、その違いに、夫妻も、そして侑人君も以前との違いにとまどっている様子がうかがえる。

高志さんは、

「侑人は、上尾保育所に通わせるようになってから、保育所であったことを家に帰ってもほとんど話さないようになった」

「連絡帳にもひまわり保育園ほどには、その日の侑人の様子が書かれておらず、私達夫婦には侑人の保育所での様子が十分には伝わってこない」

などと感じていた。

実際には、三歳児以上の子どもたちには連絡帳がない保育所も多い。0～二歳までは各自ごとに連絡帳があり、その日の保育の様子や食事の内容、排泄の状況などについて細かく記されることが多いが、三歳児以上はクラスで一枚のホワイトボードや紙で、その日の保育の中身（何をしたか、子どもたちがどのような反応だったかなど）を記載してあるだけの保育所が比較的多いのではないだろうか。もし、連絡帳があったとしても、純粋な連絡に使うことがメインで、一人ひとりに対して連絡帳に細かいその日のできごとを書く場合は少ないはずだ。

しかし、0～二歳児までを家庭保育室で過ごした侑人君の両親は、上尾保育所では連絡帳にその日の様子があまり細かく記されないと思っていなかったかもしれない。

実際、私も最初の子どもの時には、なぜ三歳児になると連絡帳がなくなるのかわからず、最初の頃はとても不安になったものだ。第一子の親、あるいは一人っ子の親が、不安に思う気持ちを保育士には理解してほしい。

また、連絡帳の中身も問題だ。高志さんが指摘するように、連絡帳にある保育士の記述には、その日の保育の中身はほとんどない。侑人君が個別にどんな反応をしたか、何を言ったか、何をしたか、というようなことも書かれていない。基本的には忘れ物や提出書類についての「連絡」に終始している。保育士にとってはそれは当然のことであり、子どもについて共有するべき事柄は保育士だけが見られる保育日誌に記せばいいと思っていたのかもしれない。しかし、連絡帳のあり方、連絡帳に記す中身について、双方が話し合った形跡はない。私の経験では、信頼できる保育士は連絡帳に書かれた文章でわかる。文章を読んで、生きいきと子どもの様子が伝わってくるように書いてくる保育士はみんな、いい保育をしてくれた。

5月、6月、7月にかけて、高志さんと八千代さんの心配は「トイレ」「箸を使うこと」「プールの時の着替え」など、侑人君の生活面におけることが多くなった。侑人君がそういった生活面での事を、ほかの子と同じようにきちんとできているかについてかなり気にして、くり返し保育士に尋ねている。

8月に入ると、連絡帳に少し心配な記述が増えてきている。「ケンカ」についての記述だ。

8／18　侑人は他の子をしかけたり（ケンカ）しますか？　ちょっかい出されると泣いて先生にいいつけに行きませんか？　友だちとのやりとりはどうですか？　4月と比べてコミュニケーションがとれるようになりましたか？（母）

家庭で侑人君と話すうえで、何か心配なことがあったのではないかと推測される。しかし、保育士の答えは次のようなものであった。

8／19　場面によってですが、泣いて職員に言っていることもあります。友だちとのやりとりの中では（ケンカ）職員が少し入りながら（お互いの気持ちをききながら）行っています。少しずつですが、4月より見通しもわかるようになっていたので、コミュニケーションが取れるようになってきていると思いますよ。

8月の段階で、4月よりも成長したり、コミュニケーションが取れるようになってくるのは当然だろう。親はそういった漠然としたことではなく、「コミュニケーションが取れるようになった」のであれば、それが具体的にどのように取れるようになったのか、知りたいはずだ。八千代さんは次のように返信している。

家庭保育室でみているると、結構、おもちゃのとりあいやちょっかいを出されたりするとすぐ、保母さん（ママ）にいいつける（?）というか、大人にたよっている（もちろんママにも言う）様子が見えていました。自分でがんばって解決するようではないので、心配していました。ケンカされたら、立ち向かっていくくらいの勇気がないと、この世の中、わたっていけないんじゃないかな??と思っていたりします。これも個性だと思いますが、ちょっと心配です。他の男の子、女の子は皆どうですか?　乱暴に友だちに悪さばかりする子も困るのも事実ですが、侑人はちょっと男の子にしては弱いかな?　とも思ったりします。（母）

翌日、保育士はこう返答している。

8／20　いろいろなお子さんがいますから、ゆうと君はゆうと君で、保育所でがんばっていますので、心配なさらないでください。今日は暑くなり、プールに入りました。顔に水がついても泣かず、笑っていたゆうと君でした。

「がんばっています」というのは、どのようにがんばっているのか。なぜ、どのような面から

「心配なさらないでください」と言い切れるのか。両親が知りたいと思っている答えは、まったく返ってきていない。

9月に入ると初めて、侑人君がクラスのお友だちにいじめられたことについての記述がある。

9／7　今日お風呂に二人で入っていると、はっきりした口調でぼそっと「よしおがいじわるするんだ…」（いじわるといってもちょっと強い口調で言うくらいだと思います）といっていました。実はこの前いっていた子の名前もその子でした。遠足の時も私のいる前でも「お前は仲間にいれない～！」とか侑人に言っていたので「まあ、この子とは仲良くないいんだな～」と感じていました。侑人には「いじわるしないでよ～！」って言うんだよ。よしおのほかにも仲良くしてくれるお友だちいるんだから、侑人は自信をもって「いじわるするとだめなんだよ」って言いな。あと侑人は他の子にいじわるしちゃだめだよ。侑人はいやな気持ちだよね？」と話しました。赤ちゃんだと思ったのに、そんなことに心を痛めているのかな～と思うと、ちょっと辛いですね。体の痛みには強い子ですが、心の弱い子なので、どうすればいいかなぁと心配しています。侑人もがんばっていると思いますが、先生方もフォローをお願いいたします。よしお君には、何も思いません。侑人の気持ちひとつだと思います。これからいやな事がいっぱい出て来るのですからね～。（母）

保育士からの返答は次のとおりだ。

そうですね。遠足の時のお話も、よしお君のお母さんにも聞いていましたので、お母さんのご心配、よくわかります。細かく書いてきてありがとうございます。よく見ていますと、他のお友だちとけんかしている時でもよしお君が加勢してゆうと君に強い口調で「だめなんだよ～！」「ゆうと君はいれない！」というようなことを言っていますので、よしお君が意地悪した～！！とよく泣いてうったえにきますので、今日は二人によ～くお話を聞いてみました。二人の言い分をよく聞いて、お互いの気持ちを、お互いによ～く伝えて、少し理解してくれたと思います。その都度、その都度、話していくことが大事だと思いますので、これからも気をつけてみていこうと思います。ゆうと君もよしお君も成長しているんですね。良いこと、悪いこと、一つ一つ学んでいってほしいですね。たくさんかかわっていけることは、とってもいいことですね。

この時期、夫婦は連絡帳に「侑人君をよく見てほしい」という内容のことを、遠慮気味にではあるが、くり返し記入している。

10月に入ると、侑人君が八千代さんの目の前で仲間はずれにされる、という出来事があった。高志さんは連絡帳にそのことをこう記している。

今朝の登所時に、いきなり「ゆうとはこっちへ来るな」と仲間はずれにされ、侑人がそれに対し何か言うとさらにいじめられたので、妻が思いあまって大きな声でその子を怒ってしまったということで、妻は大変落ち込んでいました。先日、私が迎えに行った時も、別の子から「あっちへいけ」と言われて泣いている我が子を見ました。確かに、何か強く言われるとすぐに泣いたりするので、面白がっていじめられるのかもしれません。家に帰ってからは何を言われてもすぐ泣くな、とか、言い返してやれとか、気にしないで頑張るんだよとか、励ましたり言って聞かせたりしていますが、如何せん三才です。特に三月生まれで言葉の発達、知能の発達が少し他の子よりもハンデがあるため、どうもそこも攻撃される原因となっているようです。このように書くのは、多少過保護かもしれません。そんなに心配しなくても、子どもは社会の中で解決していることかもしれませんが、ご配慮いただけるとありがたいと思っています。（父）

八千代さんも同じ日に、次のように書いている。

ここ何日かは家にいると「ともやに今度何か言われたらばかってゆうんだ」「ともやに

こんど何かいわれたらうるせえっていうんだ」と、ずうっと思い出したように言っています。何回も。私も保育園の中だし、ちょっと口で強く言われるだけだから、侑人もやり返せばいいのにと思っていましたが、最近では朝夕のおむかえの時に、ゆうとがともや君やこういち君たちと遊んでいないか、見るのがドキドキするくらい、なんか過敏になってしまい、少しどころかかなり気になってしまいます。時間外の先生に状況を聞いてもらえばわかると思います。

子どもたちは何の悪気もないことはわかっているのですが、家に帰ってからも気にしているのをみると、どうしていいのかわかりません。「言い返してやんな!」とか「ママは侑人の味方だよ」とか、安心させるようにいってるのですが、侑人に対してどう接していいのかわからなくなってきました。

最近はお迎えや送りがドキドキして苦痛です。侑人がいつ「保育園に行きたくない」と言うかと思うと。ちょっと自分に対しても、育児に対しても自信がないせいもあります。なんかだんだん過敏になっていて、保育園のクラスに入ると、侑人に強くいう子たちに大人げなく「うちの子をいじめるな!」って言ってしまいそうでイヤです。ただ単に侑人がすぐ泣くからおもしろいだけなのだと思います。でも心が強くないので、けっこう気にしていると思います。つきとばされたりするより、まったく害がないのですが……。私がイライラしているだけなのかもしれません。ただ自信がないのです。侑人をいやなところに、毎朝おいていっているんじゃないかと心配で。こんなくだらないことで悩んでいたら、小学校にあがったり、社会に出ればたいへんな事がいっぱいあるとわかっているのですが……（母）

保育士からは次のような返答があった。

ノートを拝見させていただきまして、お母様、とっても心配されている様子がよくわかりまして、本当に申し訳なく思っています。まわりの子どもたちへの配慮、そして時間外担当等、まわりの大人とも考えていきたいと思います。先週のあごの傷も本当に申し訳ありませんでした。

この一件の後、保育士と高志さん、八千代さんは直接話し合いを持った。保育士は、「(侑人君が）基本動作ができないことから自信が持てず、友だちからちょっかいを出されたり、言い返せなかったりするのです」という言い方をした。

親にとっては、保育士は「子育てのプロ」という認識がある。特に子どもの発育や発達、子ども同士の関係については、保育士はプロとして専門知識に基づいて指導していると思っている。保育士に言われれば、信じるしかない。

夫妻も、保育士のその言葉を鵜呑みにしてしまった。

「私たち夫婦が侑人を甘やかしているのがいけないのではないか」。

そう思い込んでしまっていた。

しかしこの時期、高志さんには気がかりなことがあった。家にいるとき、二人でじゃんけんをすると、侑人君は自分が勝っても、

「家来になる」

と言うことに気付いたからであった。高志さんはそのことを連絡帳にも次のように書いている。

11／18　最近よくジャンケンをさせられます。「さいしょはグー！　よう～」と。必ず侑人が勝つまでやって、勝つと何故か「オレ家来ね～」「パパ王様」と、何か変ですよね。きっと誰かお友だちに「勝った人は家来だよ～」「俺、負けたから王様～」とだまされているのかな～と、状況が目に浮かびます。（父）

しかし、保育士からの答えはあまりにも的外れなものであった。

おもしろいですね。きっとお友だちはあの子かな～！！と想像してしまうのですが、子

どもたちの会話をきいていますと、とっても面白いです。大人とは違う子どもの世界があるようです。そして子どもどうしの関わりから学んでいくことも多いですね。大人の良い悪いではなく、子どもはとても面白いものを持っていますよね。

保育士は、侑人君のジャンケンの相手が「お友だちはあの子かな～」と想像ができているにも関わらず、それをむしろ肯定的に捉えているかのようである。高志さんが暗に発したシグナルは、まったく通じていなかった。いや、あえて悪意を持ってシグナルを受け止めようとしなかったのでないかとさえ疑いたくなるほどだ。

高志さんは、保育所のクラスの子どもたちの間に力関係の序列が出来上がっているのではないかということを心配していた。しかし、あまり頻繁に連絡帳に苦情を書いたり、直接保育士に苦情を言うことをくり返すのははばかられた。保育所に子どもを預けている以上、親が見えないところで起こることは、すべて保育士を信頼して任せなければ、という思いは親なら誰にでもある。また、何度もくり返して「面倒な親」と思われることも避けたい。

「連絡帳にはもっともっといろいろ書きたいことはあったのですが、グッと我慢していたのです」（高志さん）。

この年の末、榎本家では大きな変化があった。高志さんが転職したのだ。

高志さんは、侑人君が生まれてからずっと、一緒に過ごす時間を大切にしたいと思っていた。平日は早朝から深夜まで働く日々であったが、休みの日には「たいしたところではなくても、必ずどこかに侑人を連れて行ってあげるようにしていた」(高志さん)という。

実際、夫妻は休みのたびに侑人君が喜ぶような場所に連れて行っていた。乗り物が大好きな侑人君のために、いろいろな乗り物を見せようとあちこち出かけて歩いた。大好きな新幹線を近くで見せてあげようと、わざわざ入場券を買って、東京駅の新幹線ホームまで連れて行ったこともある。飛行機を見せるために羽田空港にも何度も行ったが、そのときもモノレールや路面電車、水上バスなど、なるべく多くの乗り物に乗れるようにしていた、という。

東京ディズニーランド、後楽園のレンジャーショーなど、子どもに人気の場所にも連れて行った。

しかし、平日の長時間勤務は変わりない。そんなある日、帰宅した高志さんは侑人君に玄関で迎えられ、

「いらっしゃい、どうぞ」

と言われ、大きなショックを受けた。八千代さんからも、

「侑人の一番大切な時期に一緒にいられないなんて、いったい何のために生きているのかわからないいね」

とも言われていた。

高志さん自身も、長らく待ち望んで、ようやく生まれてきてくれた侑人君と一緒にすごす時間が取れないというジレンマを抱えていた。

そこで平成16年12月31日、高志さんは勤めていた会社を退職し、平成17年1月5日から隔日勤務のタクシー運転手に転職した。給与は激減した。タクシー運転手は夜勤があり、一緒にいられない夜もある。それでもあえて侑人君とすごす時間を少しでも多くしたいと願い、そちらを優先しての決断だった。八千代さんもその決断を尊重した。実際、転職したことで、夜勤明けの非番の日には侑人君のために食事を作ったり、一緒に食事をしたり、保育所へお迎えに行くこともできるようになった。

「妻に比べれば、侑人に接してあげられる時間は短かったかもしれませんが、休みの日や仕事明けの夜には、ずっと侑人のために時間を使っていましたし、侑人のためならすべてを捧げてもいいと思っていました」（高志さん）

そうして迎えた平成17年1月5日、八千代さんは連絡帳に「ともや君」「ようすけ君」との関係について、改めて心配なことを書き綴っている。それは、侑人君がともや君から「お前は片付けるな！　向こうへ行け！」と怒鳴られているところを、高志さんが目撃したからだった。

（前略）もうすぐ一年です。クラスの友達とのかかわりはどうですか？　子どもは自分より強い、弱いと判断したもので、ずっと続けるのではないかとかなり心配しています。これから新しい子はもう年があけると四月からは入りませんよね。〝自分より弱い〟と思った対象をずっと攻撃し続ける（ストレス対象に）のでは？　と心配します。侑人もそれに対応して強くなるかしてほしいとは思っていますが……。

そして、さらに夫妻が不信感を抱く出来事が起きた。1月24日、保育士からの連絡帳の記載を読んだことだった。

お昼寝のおふとんを年長さんが運んでしいてくれますので、下に出しておくのですが、今日はおふとんに上がらないでね！とお話するのですが、何度注意されてものってしまい、お友達に無理にどかされてしまい、くちびるをぶつけてしまいました。冷やしてみましたが、どうもすみませんでした。やってはいけないことを理解してくれたことと思います。

まったく悪びれるどころか、むしろ侑人君が悪いからそうなったというような記述に、高志さんと八千代さんは衝撃を受け、激しい怒りを覚えた。

「担任が侑人を注意するならともかく、どうしてほかの子どもから侑人がつきとばされなければならいのか」。

この日、二人はそれぞれ、保育士に対して長い返信を書いた。

おふとんの件、大変申し訳ございませんでした。（中略）今日のノートを読んで気付いたのですが、そうした時に、ただ単に叱っただけでは、その意味（どうしていけないのか）は理解できていないのだなと思います。子どもにとってはふとんが積んであれば、その上にのぼるのは楽しいし、楽しく遊んでいるのに、何故やめなければいけないのか……。むずかしいとは思いますが、そこのところを本当に教えてあげることだと思います。（中略）家でももう少し気をつけて躾けていこうと思います。何かわからないけれど、痛かった……だからもうやめよう……とは思わないでしょうし、決して意味も理解できないと思います。もうひとつ、今日痛い思いをしたことは、またお友達に無理矢理どかされたことは本当に本人にとってはくやしかったに違いありません。ただ、それが自分のしたことの結果、そうなったのだと理解できるようになるのはもう少しかかると思います。そういう中で、もし逆の立場になるような場面になったら「この子はこういうことをやったからこういう風にされても（しても）仕方ない」と思い、自分から手をだすようになってはまずいと思います。理由がどうであれ、他の子に手をだすことはいけません。そういうことも明確に子どもたちに話してほしいと思います。つまり、何か他の人たちに迷惑をかけた……それは悪いこと、それに対して誰かが手を出した……これも悪いこと、というように教えてい

ただければと思います。長々と書いてしまってすみませんが、よろしくお願いいたします（父）

布団の件、大変申し訳ありませんでした。家でもきびしくいいきかせるようにいたします。ただ、友達が出てきてつきとばして口を切るのはかなり気になります。小競り合いや自分でけががをするのはまったく気にしていませんが、「先生に注意されているからこいつは何をしてもいいんだ」と侑人に対してやっていいとは思いませんし、そう思われるのは侑人に対して強気に出ているのだと思います。家では（お友達の）名前を言ってました。その子に対しての指導もよろしくお願いします。また侑人が悪いことをしたら先生ががんがん怒って下さい。ただし、他の子どもが侑人に何かするのはやめさせてください。（以下略）（母）

その一件について、夫妻と侑人君の担任は話し合いを持った。しかし、結局、話し合いはあまりうまくいかなかった。一年間かかっても、ひまわり保育園の保育士たちとの間にあったようないい人間関係は築けなかった。途中入園で月齢も低いというハンディを持っている侑人君を「もっとよく見てほしい」という思いや、侑人君にいじわるをする子にもちゃんと言い聞かせてほしいという願いは、何度言っても保育士たちには伝わらないままだった。

保育士たちは、侑人君のハンディは保育所で支えるものではなく、親の育て方のせいであると思いこんでいたのではないか。一年経っても保育士と両親との間で信頼関係を築くことができず、意志の疎通ができない状態のまま、侑人君は四歳児クラスに進級することになった。

四歳児クラスへ

平成17年4月、侑人君は四歳児クラス「きく組」に進級した。きく組の子どもは男児一四名、女児一一名の計二五名。侑人君はその二五名の中では月齢が二番目に低かった。三歳児クラスからの持ち上がりの子がほとんどで、クラスの中に問題のある子どもや保護者がいたことから、積極的にこのクラスの担任を希望する保育士はいなかった。誰が担任になるか、なかなか決まらなかったが、最終的に、ばら組から継続して担任する浜田保育士と、新たに担任を引き受ける川上保育士の二人に決まった。

新しい学年に進み、新しい保育室、新しい先生になっても、侑人君をめぐる子どもたちの人間関係は改善された様子がない。新学期早々の4月7日、侑人君は「保育園に行きたくない」と泣きながら八千代さんに訴えている。

4/7（朝）4/6の朝に実は「せきがでるから（コンコンとまねをして）保育園にいき

たくない（涙）」といっていて困りました。熱もないし、どうしたのかな？と思ってよくよくきくと「はずかしいから！」といって泣き出す始末。昨日、おひるね用に新しいパジャマをもっていったのですが、サイズが大きかった？かもしれません。それをみんなにからかわれた？？かなと思います。最近何かお友達にいわれた事（たいしたことでもないのに）が気になるのかな？？と思います。大泣きしていたのですが、なんとかつれていったので、先生のノートから「今日は調子がよかったです」とあり、あれれ？？と思ったのです。だんだんと心も強くなってほしいです。（母）

前日の保育士の記述には、

（前略）今日はゆうと君、とっても調子良かったですよ！！お給食もたくさん食べられ、残さずえらかったですよ。

とある。確かに、子どもは朝ぐずっていたとしても、保育所に行けばケロッとしていることもよくあるものだ。母親と別れる時は大泣きしていた子が、バイバイして一歩保育室に入ったとたん、気にいったおもちゃで夢中になって遊び始め、すっかり機嫌が直ってしまう、といったことはよくある。

しかし、侑人君の場合はもう四歳である。「ぐずる」にも限度があるだろう。八千代さんの「あれれ?」は、ちょっとニュアンスが違うように読める。

実際、連絡帳の中でここまでハッキリと「保育園に行きたくないと泣いた」という記述は、前年度のものから通してみても、この日が初めてなのである。もしかすると、これまでもそういうことはあったのかもしれないが、両親はそのことについて書いていない。書けば保育士にまた「わがまま」と思われると考えたのかもしれない。また、「強くたくましくなってほしい」という親の願いからすれば、朝、登所を嫌がって泣くという状態はあまり喜ばしいものとはいえないだろう。

つまり、この日は八千代さんがあえて特記するほど激しく侑人君が行きたがらなかったのだ。にもかかわらず、保育所からは「調子良かった」という様子が知らされた。親からすれば「なぜ?」という思いを抱いて当然である。保育に対して不信感を感じる瞬間であろう。

一方、八千代さんの「あれれ?」という記述に対して、保育士の反応はとても不思議なものであった。


そうですね。月曜日よりも火曜日、火曜日よりも水曜日の方が体調良く思えたものですから……。お母さんのおっしゃるようあまり体調良くなかったのかもしれませんね。今日はお外でおだんご作ったりして遊びました。お給食のスパゲティナポリタンもよく食べました。

担任の保育士は侑人君のことを本当にちゃんと見ていたのだろうか、という疑問がわく。「お母さんのおっしゃるようにあまり体調良くなかったのかもしれませんね」とあるのは、つまりは侑人君の体調については、よくわからなかったということではないのだろうか。

新しいクラスになっても、顔ぶれがほとんど変わらない中では、子どもたちの力関係はほとんど変わらなかったようだ。侑人君は、きく組になってから新しく入所し、侑人君と同じように月齢の低い男児数名と仲良く遊ぶことが多くなっていたが、相変わらずクラスの中では月齢の高い男児から命令されるような状態が続いていた。

八千代さんはその様子を見て、前年度と同様、連絡帳に相談を持ちかけていた。

4／12（火）　昨日のお迎えのときにようすけ君が私のところにやってきて「ゆうとのまま、なんでゆうとはこうちゃんやともやがいじめると、すぐ泣くの!?」と聞いてきました。

まだ、まだやられてますか……。

ゆうとに泣かないようにがんばるように言いましたが、先生からも二人に『強く言うと泣く子もいる』と言ってくれませんか？

連絡帳の返信で、保育士は侑人君が泣くことを否定している。

この頃では泣いてないですよ。今日は笑顔が多かったです。ようすけ君にも、「どうしてだろうね?」と反対に聞いてみてもよかったでしょうね。お母さんからも質問されるのも、またいろいろなお話がきかれるかもしれませんね。こうちゃんやともや君にも話してみます。

母親が、ほかの子どもたちに対して「うちの子をいじめないで」というような言葉や「誰がやったの?」「どうなっているの?」などという問いかけを冷静にするのは難しいものである。その子どもの親への配慮もある。だからこそ保育士に「二人に言ってください」と頼んでいるのに、なぜ、保育士は「反対にお母さんから(子どもたちに直接)聞いてみてもよかったのでは?」といった答えになるのか。

保育士と両親との連絡帳でのやりとりは、新しいクラスになっても、ますますかみ合わなくなってくる。

4/14　昨日、お迎えにいくとようすけ君とブロックであそんでいて、「もうかえるからようすけ君にブロックあげなよ」というと、ゆうとはブロックをわたし、「またあしたあそぼうね！」とようすけ君にいうと、ようすけ君は何もいいませんでした。もう一度ゆうとがいったのですが何もいわず……う〜ん、子どもの社会のことなので、？？？と思います。

また、朝、送って行ってブロックをやっている三人くらいの中にやりたそうにゆうとがいくので、私が「まぜて！」と言ったら？　というと、なんかしりごみをしているゆうとがいました。ブロックをやっている子が「まぜてっていったらいいよ」というので、ゆうとに「大きな声でいわないとだめだよ」というと、モジモジしてなかなかいえませんでした。

やっと大きな声でいうと、快く三人の子は受け入れてくれましたが、何でゆうとはこんなにびびるようになったのか？ちょっと心配になりました。昨年の四月には、仲間に入りたいとはりきって「まぜて！」といってことわられて泣いていたくらいなのに……とちょっと心配でした。うまくやっていますか？　みんなと？（母）

そんな中、侑人君は、新しく入所してきた子たちとは仲良くなっていたようだ。

4／15（金）　昨日、友達とうまくいっているかな？と心配していたのですが、「かずま君」

という新しい子が入ったのですね！　昨日おくりにいくと、二人で手をつないで遊んでいました。ゆうとも気をゆるしているみたいでした。ちょっとほっとしました。あと「ゆう」君という子も入ったとゆうとがいってました。新しくきた子と仲良くしているのでしょうかね？　私も少しほっとしました。（母）

この翌日、4月16日には保護者会があった。

八千代さんは体調が悪く欠席したのだが、その連絡のため、8時50分頃と9時30分頃の二回、保育所に電話をかけた。しかし誰もでなかった。土曜保育は職員も少なく、朝の忙しい時間は事務所が手薄になりがちだが、保護者会があったのであれば、所長はじめ、職員は普段の土曜保育の日よりも多く出ていたのではないだろうか。朝の時間帯に、事務所の電話に誰も出られないような状態だったのだろうか。

それからしばらくの間、侑人君は新しいお友だちと親しくなり、保育所での生活もやや安定してきていた。この時期、両親が気にしていたのはお友だちのことのほかに、「おねしょ」「おもらし」だった。特におもらしが続くことがあり、八千代さんは〈緊張しているのではないか〉と心配していた。

子どもたちをめぐるケンカの記述は少なくなったが、6月2日にはこんな記述がある。保育士から、両親に宛てたものだ。

6／2　紙芝居の場所の取りっこや、テーブルに座る場所をめぐってのケンカが多い一日でした。週末の疲れも出てきているのかな。

侑人君がその「ケンカ」の中でどのような立ち位置だったのかは記されていない。しかし、「ケンカが多い」とあえて書かれているのだから、侑人君もそのケンカの中にいたであろうことは想像できる。

給食の際など、テーブルに座る場合には、四歳クラスになればあらかじめグループ分けをして、子どもがそれぞれ座る場所を決めている保育所が多いはずだ。上尾保育所ではそういったことも「自由」で、決まっていなかったのだろうか。

この時期、侑人君は特に夜更かしや寝坊をしていたわけではないにもかかわらず、お昼寝の時間になってもなかなか眠れず、2時過ぎてようやく眠れるといったことが続いていた。

6／7　緑丘の公園まで散歩に出ました。よく歩いたわりには午睡が二時頃でした。（保）

7日の朝は朝6時前に起きて運動もしたのに眠れませんでしたか？？？今日からプール開きですね。だいじょうぶかな？　着替えとか、体をふくのとか…少し心配です。うまくや

れるといいです……（母）

これから毎日やっていくと自然に上手になりますよ。（保）

プールでの出来事

6月7日は上尾保育所のプール開きの日であった。本当は6日の予定だったが、一日延期になっていた。

侑人君はプール遊びが大好きで、いつも楽しみにしていた。

6／？（日付記述なし。8日と思われる）プール開きはかなり楽しかったみたいです。よかったです。（母）

そうですね。プールが始まり、顔もかがやきを増しています。（保）

6月10日には、プールに入れるかどうかのチェックを入れるのを、八千代さんが忘れてしまった。

6／13　金曜日は私がチェックを忘れてました。すみません。帰りに侑人にかなり怒られてしまいました。

この日、保育士は次のように返信した。

6／13（月）　水着に着替え、張り切って入りました。この間よりは水も多目で、プールらしいプール遊びができました。（保）

その返信を読んだ八千代さんには、大いなる疑問が沸いた。侑人君が持ち帰った水着が濡れていなかったからだ。侑人君に直接たずねると「入らなかった」という答えが返ってきた。連絡帳にあることが事実ではなかった。保育士への不信感は一気に高まる。

今日、プールに入らなかったといってましたよ？？？

水着はぬれていなかったので、「どうして水着ぬれてないの？　プール入らなかったの？」といったら、「ともやとやくそくしたから……」とさみしそうにいってました。どういうことでしょうか？

ともやが自分一人で待ってるのがいやでゆうともさそって室内にいましたか？

状況をおしえてください。

プールは金曜日にチェックを忘れてしまったのをかなりおこられたくらいなので、かなりたのしみにしていたと思いますが……？


保育士からの返信は、八千代さんが知りたかったこととは、かなりずれていた。

昨日、水着に着替えてプールへ向かったので、入ったものと思っていました。今日、話しを聞いてみると、「ん？？」と忘れていた様です。「自分の気持ちは言葉で話そうね。友達もわかってくれるよ」と話しをしました。


「忘れていた」というのは、侑人君がプールに入ったかどうかを忘れていた、ということなのだろうか。それとも、入らなかったという悲しい経験そのものをすでに忘れていたという意味だろうか。この書き方では、意味がわからない。

さらにいえば、なぜ「自分の気持ちは言葉で話そうね」とつながるのか。侑人君が「プールに入らない」と約束させられた相手の智也君は、侑人君にこれまで何度も命令したり、意地悪をくり返してきた子であった。月齢が高く、侑人君とは一年近い差があり、0歳から入所していたことからクラスの中での存在も大きかった。侑人君が普段から智也君に命令されることなどがあり、それに対して言い返すことができずにいたことは、担任も承知しているはずだ。両親はそのことを連絡帳に何度もくり返し書いているほか、何度も直接話し合ってきてもいる。この書き方ではまるで、侑人君が自分の気持ちを言えないから悪い、というようにしか読めない。

この出来事の後、両親は保育士に時間を取ってもらい、保育所で話し合いをもっている。6月24日のことだ。保育参観の行事があったので、その後で両者は話し合いをしている。父親の高志さんは、プールに入っていないにもかかわらず、「入った」と記載されていたことについて、

「何で見ていなかったのですか?」

と、浜田保育士に尋ねている。しかし、浜田保育士は、

「ノートを書いたのは川上先生ですよ。二五人もいるから勘違いしてしまったのではないですか」

というような答えだった。

実際、この日の侑人君は、浜田保育士、川上保育士の二人がいないところにいたようだ。それは上尾保育所では日常的に起きていることだったため、保育士たちはそのことを取り立てて

気にしているふうではなかった。

この日、プールにいたのは浜田保育士で、川上保育士は庭で子どもたちを遊ばせていた。侑人君は、そのときプールにも園庭にも出ず、保育室に残っていた。保育室には、侑人君以外にも子どもがいたが、保育士は誰もいなかった。保育士の目の届かない場所で、子どもたちが当たり前に遊んでいたことになる。

「外から見える位置に私はいました」

と、川上保育士は話しているが、保育室はガラス張りではない。実際、現地を見ると、上尾保育所の園庭は比較的広く、端の方から保育室の中の様子を見ることは容易にはできそうもない。庭で動き回る子どもたちを見ながら、同時に離れた保育室の中にいる子どもの動静を把握するのは、いくらベテランの保育士であってもほとんど不可能なことのように思える。また、子どもは遊んでいる時には、立ったり座ったり、動き回るものである。外からときどき保育室の様子をうかがっている程度だった川上保育士の目から、侑人君がしっかり見えていたはずはないだろう。

「(自分は)砂場のところにいたんですが、(侑人君のほうを)たまに見るというか、気にはしていました」。

「砂場」は園庭の端の方にあり、園舎からは相当離れている。そこから保育室の中の子どもの動静を把握するのはほとんど不可能だ。

しかし、川上保育士は同時に、

「侑人君はプールに入っていると思っていた」

とも証言している。「入っていると思った」ということと「見えていた」ということとは矛盾する。つまり、それは「見えていなかった」もしくは「見ていなかった」ということではないか。

「侑人君はまたブロック遊びをしていたので、入ったんだけど、寒くてすぐに上がってきてしまったのかなという認識でそのときはいました」。

プール遊びは、子どもにはとても楽しいものだが、その一方で危険と隣り合わせでもある。小さな子どもはわずか10㎝の深さの水でも溺れることがある。イージーに目を離せるようなものではないはずだ。実際、ある民営化された東京都内の公立保育園では、民営化の直後にスタッフが揃わないままプールの時期を迎え、保護者たちが「子どもの顔と名前とが一致しないような状況では怖くてプールには入れさせられない」と区に訴えていたことさえある。子どもの顔と名前が一致しなければ、水から上がってきたかどうか瞬時にわからない。

それほど、プール遊びは危険なものだというのに、そこに子どもがいるかどうかもまったく確認されていなかったということになる。

しかも、川上保育士も、浜田保育士も、この間、侑人君に直接の問いかけをしていない。一言、

「侑人君、どうしたの？」

と声をかければ、それなりの答えがあったのではないか。

二人の保育士が別々の場所で互いに子どもを把握しないまま保育を続けたことで、侑人君はプールに入らなかったにもかかわらず、プールに入ったことになってしまった。

この日のプールでは侑人君を始め、子どもたちの誰も命を落とさなかったが、こういった状態に誰も何も疑問を感じず、当たり前に行われていたことがわかる。担任同志の意思の疎通がないまま、「自由」に保育を続ける中で、あまりにも安全を軽視していたのではないかと疑わざるをえない。

侑人君は、上尾保育所に入ってからずっと、普段から保育所での様子をあまり話したがらなかったようだが、夏の間はプールで楽しく過ごすこともあったようで、時折そのことを両親に話している。「プール事件」の後は、とりたてて大きな事件はなく過ごしてきたものの、両親の心の中に常にあった不安は、ついに払拭することができなかった。

そして侑人君の連絡帳は、8月9日の記述で終わっている。


8／9（火）　昨日の夜、ねむれないと騒いで、ねるのがおそくなり、11：30にねたのですが、今日なぜか5時半にゆうとはおきて（！）「ママ、朝だよ」と起こされました。今日おひるねがかなりふかいかもしれません。よろしくお願いします。

これが侑人君のために、八千代さんが書いた最後の連絡になった。

第三章 事件への対応

当日の対応

そして8月10日、事件が起きた。

誰も見ていない間に、侑人君が保育所の廊下の隅にある本棚の下の収納庫に入り込み、一時間以上も放置された挙げ句、熱中症になって命を落とすまでの事件の顛末については、第一章に細かく記したとおりである。

しかし、事件が起きた後の保育所や上尾市の対応については、非常に多くの疑問が残る。知れば知るほど、あまりの歯がゆさ、あまりのズレに、第三者の私でも怒りすら覚えるほどだ。ここではまず、事件の直後から、上尾保育所の保育士たちや上尾市の職員などがどのような対応をしてきたのか検証してみたい。

午後1時50分、埼玉医科大学救命救急医療センターで侑人君の死亡を告げられた榎本夫妻は、周囲の誰も声をかけられないほど、憔悴しきっていた。

浜田保育士、川上保育士を始め、かけつけた市の職員もみな泣きながら榎本夫妻に頭を下げた。上尾市の公立保育所で死亡事件が起きたのは、今回が初めてであったことから、職員の多くも衝撃を受けていた。

しかし、「どうしてこんなことになったのか」について、話す人は誰もいなかった。

その日の朝、いつもと同じように元気に保育所に出かけていったわが子を、安全について疑うことさえなかった認可保育所で、しかも市内で最も大きな公立保育所で亡くすという不幸に見舞われた榎本夫妻こそ、最も衝撃を受けた当事者である。二人とも激しく動揺し、混乱している状態だったため、その場で謝罪を受け入れる余裕などなかった。そんなときには謝罪はおろか、わが子の死さえ受け入れる余裕がなくて当然だろう。

「目の前にいる警察官の言葉が、どこか別の世界から響いてくるような感じで、何が起こっているのかまったくわからず、ただ呆然としていました」。

高志さんは事件から一年七か月が過ぎたのちに、ようやくそう証言している。

特に母親の八千代さんのショックは計り知れないほど大きかった。側にいた高志さんが、「正常な状態でないのでは」と心配になるほど、混乱した様子であった。

一方、事件が起きた上尾保育所では、侑人君の死亡が確認された後、上尾警察署員による事件現場の捜索が始まっていた。そのとき、所内ではほかの子どもたちへの保育も同時に行われていた。

また、午後2時40分頃には、上尾警察署の女性警察官が上尾保育所を訪れ、事件の直前まで侑人君と一緒に遊んでいたのではないかと思われる子ども五名（智也君、芳雄君、祐志君、康一君、慎治君）から事情を聞いている。

前述したが、子どもたちの証言によれば、そこで侑人君を含めた六人は「セミごっこ」「セミの抜け殻ごっこ」と名付けた遊びをしていたという。セミが地下に潜るように隠れ、幼虫になって羽化して逃げる遊びという子もいれば、人間がセミを追いかける遊びという子もいたが、隠れて逃げる、ということからかくれんぼごっこのまざったものであったようだと推測されている。

まず、じゃんけんをして、最初に負けた侑人君が鬼になった。侑人君が全員を見つけて捕まえると、次は最初に見つかった平山祐志君が鬼になった。子どもたちは、祐志君が数を数えている間にどこかに隠れた。祐志君は慎治君、智也君、芳雄君、康一君と見つけていったが、侑人君の姿は最後まで見つからなかったという。

女性警察官が保育所を訪れ、事件の際に一緒に遊んでいた子どもたちと話しをした。その場には丸尾主任保育士が立ち会った。後日、子どもたちはそれぞれの保護者に伴われて上尾警察署を訪れ、その場で再び女性警察官に事件の時の話しをした。子どもたちが話した内容については証拠として記され、保護者がその内容を読んで確認したうえで、署名、捺印している。

そのときの子どもたちと女性警察官のやり取りは、次のようなものだった。

芳雄君は女性警察官からの問いかけに対し、次のように話している。

女性警察官（以下、警）「侑人君がいなくなった日は、お昼ご飯を食べる前は何をしていたの？」
芳雄（以下、芳）「かくれんぼ」
警「お友だちは誰が一緒だった？」
芳「ゆうじ、しん、こう、ともや、ゆうと」
警「誰が鬼だったの？」
芳「ゆうじ」
警「芳雄君はどこに隠れたの？」
芳「ホールの緑色のカーテンの後ろ」
警「みんなどこに隠れたか、知ってる？」
芳「しらない」
警「誰が一緒に見つかっちゃったのかな？」
芳「一番にこう、二番目によし、三番にしん。四番にともやが見つかったの」
警「侑人君は見つかった？」
芳「いなくなっちゃった」
警「侑人君が見つからなくて、みんなで探したのかな？」

芳「うん」
警「そのとき、先生はなにしてた？」
芳「給食の準備だけど、ゆうとがいなくなっちゃったから、みんなで探したの」
警「芳雄君の担任の先生は誰？」
芳「浜田先生と川上先生」

ほかの四人も、ほぼ同じようなことを答えている。四人の答えをまとめるとだいたい次のようなことになる。

散歩が終わって、侑人君、智也君、芳雄君、祐志君、康一君の五人で、柱などにつかまって遊ぶ「セミの抜け殻ごっこ」をした。その後、一人が人間に、他の人がセミになって人間につかまらないように逃げる「セミごっこ」をした。そこで慎治君が加わり、鬼につかまらないようにいろいろなところに隠れる〈鬼ごっこ〉をした。祐志君が鬼になり、数えている間にみんなつかまらないように隠れた。最初に慎治君、二番目に智也君、三番目に芳雄君、四番目に康一君が見つかり、侑人君はどこに隠れたのか見つからなかった。みんなで侑人君を捜したが、どこにいるのかわからなかった。

この供述は、事件発覚後に短時間保育士の小山保育士が聞いた内容とは少し違っている。同じく午後2時30分頃、上尾警察署において、きく組担任の浜田保育士、川上保育士の二名が事情聴取を受けた。その後、江波所長も警察署で事情聴取を受けた。

午後4時5分頃には、埼玉県子育て支援課に電話があり、事件についての報告があった。その頃、榎本夫妻も上尾警察署で事情聴取を受けていた。その頃、上尾市長が謝罪のために警察署を訪れ、榎本夫妻に会おうとしたが、事情聴取中であったため面会することができなかった。

所長や四歳児クラスの担任などが、侑人君が運ばれた病院や警察に行っている間にも、保育所ではほかの子たちの保育を淡々と続けていた。所長の留守を古屋主任保育士や丸尾主任保育士がカバーして、侑人君が亡くなった後も、いつも通り、保育が続けられていた。市の職員たちは、保育所に押しかける報道陣への対応に追われていた。保育士たちは子どもたちが写真に撮られないようにと配慮し、園庭側から見えない奥のホール（遊戯室）に子どもたちを集め、保育を行っていた。

上尾市としての対応

侑人君の事件は、上尾市の公立保育所で初めて起きた死亡事故であった。上尾市は保育に対して自信を持っていた。私も事件のずいぶん前に、上尾市内の別の公立保育所の所長から直接、「子育てするなら上尾で」という言葉や「上尾の保育はレベルが高い」という話をうかがったことがある。私はこの事件が起きるまでずっと、その言葉を信用していた。きっと市内の保育所の関係者はみんな一様にそう思っていたのだろうと思う。

しかし、その自信とうらはらに、事件は起きた。

この事件は上尾市立保育所で起きたものであるから、公的な責任の所在は上尾市にある。もし、「市内で初めて起きた事件だったから慌ててしまって満足に対応できなかった」というのであれば、それはただの言い訳にしかならないであろう。行政はあらゆる場合において、市民のため、市民を守るために存在しているはずだ。「万が一」の時にしっかり組織が動かなければ、市民を守るという本来の目的を遂行することなどできるはずがない。

そういう意味からも、事件後の上尾市の対応には疑問を抱かざるをえない点が非常に多い。

遺族への対応は「誠意がある」とは言い難いものであったし、職員同士の情報の共有や、市長を始め市内の保育関係の職員の中での問題意識の持ち方についても、さまざまな問題点が見えてくる。

ここでは、事件翌日からの市の対応について追っていきたい。

まず、事件翌日の8月11日に、市の職員が榎本夫妻の自宅を訪れている。夫妻に謝罪するためであったが、榎本夫妻はまだ侑人君が亡くなったことを受け入れられるような状態ではなかったため、面会を断った。

「実家の方に行っていて留守にしていました。市の職員に会うような気分にはなれませんでしたが、市の方に会いたくないなどと断った覚えはありません。ただ葬祭場の方には、上尾市からの花などは断ってくださいとお願いしています。この花を受け取ってしまうと、侑人を死に追いやった市の職員や保育士達を許してしまうような気がしましたし、侑人を見送る際にも、市の職員や保育士達には誰にも会わせたくありませんでした」（高志さん）

榎本夫妻は8月11日の昼間に上尾保育所を訪れたのだが、保育士たちは土下座をするばかりで、夫妻に「なぜ侑人君が亡くなったのか」を説明する人は誰もいなかった。

「どうしてこうなったのか、教えてくれ！」。

普段は冷静沈着な高志さんが、この日は怒りに震えながら思わず声を荒げていた。しかし、誰からも何の答えも返ってこなかった。

この日の夜、保育所内では緊急の保護者会が行われ、保護者たちに事件の経緯が説明された。上尾市役所内でも、市内の公立保育所の所長を集めて、緊急の所長会議が開催された。そのことも、榎本夫妻には知らされていなかった。わが子を亡くした親にさえ「なぜ事件が起きたのか」について説明できない状態だったというのに、他の保護者たちに一体何をどう説明したのだろうか。

保育士たちが加わっている市職員の労働組合でも、この事件に関して各方面にさまざまなアプローチをしている。事件の直後、上尾保育所で働く保育士たちの動揺は激しかった。そこで、職員組合では、

「現場の子どもたちや保護者、そして保育士たちのフォローやケアをする体制を整えるように」

と、市当局に申し入れをした。さらに、職員組合ではこの事故の事実関係を解明しようという声もあがり、

「当局と協力しながら、事故の事実関係を把握していきたい」

という申し入れもしている。

しかし、上尾市児童福祉課では上尾保育所の江波所長に対し、「事故調査委員会を立ち上げた上、調査は市が行うことなので、個人が行うべきことではない」という指示を出している。

直接、職員の「口封じ」をしたわけではないが、何か発言しても市は職員を守らないと明言したようなものだ。結局、職員組合は、組合員であった二人の担任保育士とも接触できないままになってしまった。

その後、上尾市は8月16日に「全国市長会学校災害補償保険事故報告書」を損害保険会社に提出している。しかし、そこに記載された文書内容について、遺族への連絡は一切なかった。

事件直後、榎本夫妻は憔悴しきっており、誰とも会って話しができる状態ではなかった。大切なわが子を思いもかけず突然に失った直後である。精神的にどれほど苦しい状態であるかは、想像すれば察しがつくはずだ。しかも、親からすれば、保育所の保育士たちはわが子を失ったことに対して直接的に関わった、いわば「犯人」のような存在である。穏やかな心で会えるはずがなくて当然ではないだろうか。

そのことについて、市側はまったく別の捉え方をしていたようだ。榎本夫妻が「受け入れられない」と感じる気持ちを思いやるのではなく、逆に夫妻から一方的に「拒絶された」ように感じたのだ。そのため、所長や保育士、市の職員たちは、自ら遺族に連絡することを恐れ、榎本夫妻に直接アプローチすることをやめてしまった。

職員たちが、侑人君が亡くなったことに強いショックを受けていたことは理解できるのだが、遺族が「今は会えない」と思う気持ちくらい想像できないものだろうか。そういった気持ちに配慮することもないまま、ただ淡々と業務として続けられたその一連の対応は、被害者に「不誠実である」と受け取られても仕方がないものであろう。市側は、遺族の怒りと悲しみが溶けて、遺族から「来てください」と言われるまで何ら説明もせずに、永遠に待つつもりでいたのだろうか。

上尾市では、8月18日に、村山宗一健康福祉部長を委員長とする「事故調査委員会」を設置した。委員会のメンバーは、健康福祉部の次長、児童福祉課長、庶務課長、職員課長など、八名の市の職員のみであった。しかも、榎本夫妻へは一切の連絡がなかった。当事者のはずがまったくの蚊帳の外に置かれてしまった夫妻は、人づてにその委員会の設置を知らされたほどであった。

8月21日、事件から一〇日以上が過ぎているというのに、市側からあまりにも何の連絡もないことに業を煮やした榎本夫妻は、自ら保育所の江波所長と二人の担任保育士に連絡した。そして、保育所で直接面会することになった。

その日は日曜日で、保育所はお休みだった。夕方6時頃、榎本夫妻は上尾保育所を訪れ、まず侑人君が亡くなった本棚が置いてあった現場の廊下に行き、焼香をした。その後、所長と二人の担任保育士から二時間にわたり、初めて事件当日の保育の様子について、時間を追って知らされることになった。

「（事件の当日の話を）聞かないことには、我々としてどう判断したらいいのかわからないので…」という高志さんの言葉で、この話し合いの記録は始まっている。

担任の浜田保育士は事件当日の自由遊びの時間に、侑人君が智也君ら四人の子どもたちといっしょに、「こっちの方（保育室の外）で遊んでいた」とハッキリ答えている。この日は約二時間の話し合いになったが、夫妻は保育所側の説明に納得できず、席を立った。

わが子がどうして、どのようにして亡くなったのか、まったく知らされないまま、市ではまるでルーティーンの「事務処理」のように淡々と事を進めていた。まるで何事もなかったかのように、早く幕を引きたい、という雰囲気に受け取れる。遺族が当事者として許せない感情を抱くのは当然だろう。

8月18日の段階では、「事故調査委員会」のメンバーは、市の保育関係部署の職員だけで構成されていた。それを知った榎本夫妻には「内部調査だけで終わりにされるのではないか」という不安が浮かんだ。夫妻が知りたいのはとにかく、「なぜ侑人君が亡くなったのか」ということだった。事件から一〇日以上も放置され、誰からもその答えを聞くことができない中で、内部調査だけで幕引きされることだけは避けたいと考えた。

そこで、9月5日、事故調査委員会のあり方についての申し入れをしたうえで、市に対して情報公開を求めた。自治労連上尾市職員労働組合保育所部会も、同じように申し入れを行っている。その結果、ようやく第三者委員が選任された。

9月21日に再度榎本夫妻が浜田保育士、川上保育士に話しを聞くと、8月21日のときの話しとはやや違っていた。浜田保育士は侑人君が自由遊びの時間に誰といっしょにいたのか、「記憶にない」と言い出したのだ。話しの内容が変わったことで、夫妻は「何か隠しているのでは？」と疑いをもった。

榎本夫妻は10月25日になって初めて、事故調査委員会からのヒアリングを受けるに至った。12月16日、市議会定例会で議員からの「上尾保育所での死亡事故について、事故調査委員会の結果を受けて、今後、市としてどのような取り組みをしていくのか」という質問に対し、新井弘治市長は次のような答弁をした。

「保育所費用として年間二三億円、入所児童一人あたり約一七〇万円の予算を確保しており、これだけの税金を投入している中でこのような重大な事故を起こした」。

「市内には市が契約している家庭保育室一六か所、あるいは民間の保育所・保育室が多数あるが、今回のような事故は発生していない」。

「今後は公設公営だけでなく、公設民営、あるいは指定管理者制度への移行を含めて検討しなければならないと思っている。事故が発生した事実をふまえ、保育所のあり方・運営形態等が現状でいいのか、保育行政全般を抜本的に考え直す時期にきていると考えている。五カ年計画の中でも一六保育所のうち五か所を指定管理者にするよう私の方で強く言っている」。

なぜ、死亡事故と民営化が結びつくのか。市長の発言からは、保育所を人間を育てる大切な場所としてではなく、「コスト」の面からだけしか考えていないことがハッキリと伝わってくる。「多額の税金を投入している公立の保育所で事故が起き、民間では事故が起きていないのだから、今後は民営化する」という論理はまったくもって破綻しているとしか言いようがない。

榎本夫妻は、行政のコストダウンのための口実に、侑人君の事件が利用されたと感じ、傷ついた。そこで市長に対し、発言の撤回を求めて質問書を提出し、回答を求めた。また、12月19日にも再度、事故調査委員会に再意見書を提出。事故調査委員会に対しては事実関係と責任の明確化を、上尾市に対しては事故調査委員会の最終報告書をふまえて、誰がどのように責任を負うのかを具体的に明らかにすることと、再発防止策の具体的なスケジュールの提示を再度求めるに至った。

結局、事故調査委員会は、9月27日から12月26日までの間に合計一〇回にわたって開かれた。その中で、この死亡事件が偶然に起きたものではなく、上尾保育所の日頃の保育の中に、事件を引き起こすような要因があり、この死亡事件は「たまたま防ぎようもなく起こったとはいえない」こと、また、この死亡事件は担任や園長など一部の保育士の過失だけが原因なのではなく「保育所全体の問題がからんでいる」という結論が出された。

しかし、事故調査委員会の発表でも、「なぜ侑人君は亡くなったのか」という核心部分は闇に包まれたままであった。侑人君がいなくなるまでの様子を見ていた保育士が誰もおらず、唯一の目撃者である可能性があった子どもたちにも早い段階できちんと話を聞いておらず、誰からも、何も答えが出て来なかったのだ。

榎本夫妻が知りたかったのは、この「なぜ侑人君が亡くなったのか」ということに尽きる。

その真実を知りたいがために、さまざまな角度から再三申し入れを重ねてきたのに、真相は究明されず、市の責任にも納得がいかなかった。市とのやりとりは最後までかみ合わないままであった。

そんな中、1月には上尾市による担当の保育士の懲戒処分が決まった。

1月31日、江波所長、浜田保育士、川上保育士には「停職一か月」の懲戒処分が下った。同時にこの三名は1月末日をもって依願退職した。

他にも児童福祉課長が減給一か月、健康福祉部長、参事兼次長、前上尾保育所長を戒告の懲戒処分に、また、児童福祉課長主席主幹と、上尾保育所の主任保育士二名を訓告、児童福祉課副主幹と、上尾保育所の保育士一二名に対して文書注意の処分が下った。

保育士については「子どもの動静確認を怠るなど、保育士本来の職務を怠ったこと」「今回の事故によって市の保育行政全般における市民からの信用を失う結果を招いたこと」、児童福祉課長を始め事務職の担当者については「危機管理時の対応の整備を怠ったこと、管理監督責任、および信用失墜行為」のためという理由であった。

侑人君の事件から七か月後の平成18年3月7日、侑人君が五歳の誕生日を迎えるはずだったその日に、榎本夫妻は、当時の上尾保育所の江波所長と、浜田、川上の二人の保育士を相手取り、業務上過失致死罪で刑事告訴した。約一年後の翌平成19年4月3日、さいたま簡易裁判所は江波所長に罰金五〇万円、浜田、川上両保育士に罰金三〇万円の略式起訴命令を下している。

榎本夫妻による刑事告訴の後、上尾市では4月からの新年度に向けて、上尾保育所をめぐる大幅な人事異動を行った。江波所長が1月末日をもって依願退職した後、健康福祉部次長から新しく上尾保育所長になっていた鈴木良子所長と二人の主任保育士のほか、六名が他部署に異動し、三名が退職した。特に他部署に異動になった保育士のうち、組合活動に熱心で、事件の解明に最も積極的だった橋口保育士は保育の現場から外され、障害福祉課に異動させられた。

そのほか、事故調査委員会の事務局をつとめた健康福祉部次長など三名が、他部署に異動となった。

公立の保育所では、どこの自治体でも人事異動は多い。保育所民営化を最前線で担当していた人が、翌年にはまったく違う清掃課や総務課といった部署に配置されたのを何度も見てきた。大きな問題が起きれば、事務方に限らず、現場の保育士であってもまったく別の部署に異動させられることもある。

しかし、この上尾保育所の異動は、きわめて異例と思われる大規模なものであった。たとえば保育所内では江波所長が退職した後を受けて所長になった鈴木所長のほか、主任保育士が異動になったことだ。保育所内の責任者が上から三人、一気に異動したことになる。この年平成18年4月1日付けの保育士職の人事異動は、上尾市一六園全体で三一名だったが、そのうち六名が上尾保育所に固まっていた。本来、事故調査委員会が提出してきた内容を最もよく理解しているはずのトップの責任者を事件から一年も経たないうちに異動させれば、委員会の意図を保育所内に浸透させ、安全対策を徹底できるはずがない。責任逃れや事件の真相隠しではないかと思われても仕方がないだろう。

こうして、あっという間に、

「上尾保育所の事件のことはよく知らないんですよ」

という人ばかりが、何もなかったかのようにそこで保育を続けることになっていった。いくら市で「事故調査報告書」を作成しても、事件の時に実際に保育にあたっていた職員にフィードバックしなければ意味がない。事件に関わった保育士たちが中心になって「何が悪かったのか」を検討し、保育の改善につなげていく努力をしなかったのであれば、「事故調査報告書」はたんなる形式的なものにしかならず、その後の保育に生かされることはないだろう。

事件から六年経った現在、上尾保育所には当時の職員は誰もいない。子どもたちもみな卒園し、入れ替わってしまった。当時の在園児の弟妹がいれば、保護者は残っているかもしれないが、侑人君の事件に直接関わった人は誰もいない。

上尾保育所に行くと、侑人君が亡くなった本棚が置いてあった三角倉庫の廊下の壁に、一枚のプレートが埋め込まれていた。そこには、「安全への誓い」という文字が刻まれていた。毎年8月10日には、そのプレートの前で「安全の誓い」の会が行われるという。上尾保育所だけでなく、市内の全保育所でこの「安全の誓い」の会が行われているそうだ。

そのブロンズの小さなプレートにどれほどの大きな意味があるか、人がすべて入れ替わってしまった今では、その重みを感じられる人は少ないだろう。日中でも日が差さない薄暗い廊下の片隅の、最も暗い倉庫の壁に小さく埋め込まれたそのプレートを見て、ただ虚しい気持ちがこみ上げてくるのを抑えることができなかった。

第四章

上尾保育所で起きていたこと

「手のかかるクラス」

侑人君が三歳児クラスに入所してから亡くなるまでの間、上尾保育所では表に出ないさまざまな問題が起きていた。その中には、榎本夫妻も知らされていなかったようなことまである。侑人君の刑事裁判の中で初めて、保育士たちの証言によって上尾保育所が抱えていたさまざまな問題が次々に明らかになってきたが、それでも「侑人君はなぜ亡くなったのか」という真実は、闇に包まれたままだった。

そこで、榎本夫妻は民事でも裁判を起こすことにした。

民事事件としてさらに詳しく上尾保育所の保育について追及していく中で、そこは決して子どもの命を守る安全な場所などではなく、侑人君が亡くなる遠因が数多くひそんでいたことがわかった。

この章では、上尾保育所の内部で、あるいは上尾市の保育で起きていたことを一つずつ検証することで、それが事件を引き起こす遠因になっていなかったかを考えていきたい。一見、「子どもの安全」とは直接関係がないような出来事でも、そこからなぜこの事件が起きたのかが少しずつ見えてくるからだ。

まず上尾保育所の中で起きていた最大の問題は、上尾保育所の所長始め保育士全員、果ては市の保育課職員から市長に至るまで、おおよそ侑人君のいたクラスに関わるあらゆる人が対応に手を焼いていた「モンスターペアレント」とも言うべき親の存在であった。上尾保育所に0歳から入所しており、侑人君が亡くなる直前、最後まで一緒に遊んでいた川口智也君の母である。

このクラスと最も長く関わってきたのは浜田保育士であった。0歳児の担任としてこのクラスを受け持って以来、一歳で一度外れた以外は、ずっとこのクラスを担任し、このクラスの親子と最も身近に関わってきていた。浜田保育士が代理人を通して明らかにしてきたことによれば、問題は0歳児の頃から起きていたようだ。

智也君は0歳児のとき、中耳炎をわずらったことがあった。もちろん、保育所での保育が原因で起きたものではない。0歳児では風邪などの菌が耳に入り、中耳炎を引き起こすことはよくありがちである。中耳炎は何もしなくても耳が痛み、小さな赤ちゃんなら機嫌が悪くて泣き続けることもある。少し大きい子では絶え間ない痛みのほか、炎症を起こした耳が聞こえにくく感じたりする。耳だれを起こしたり、発熱することも多い。ひどい場合には、鼓膜を切開して、内部から膿を出さなければならない。通院して投薬などの治療や自宅での安静が必要になる。もちろん、ほかの病気のときと同じく、急性期で熱がある子どもは、保育所では預かることができない。

浜田保育士も常識的な感覚から、智也君の親に、智也君を「自宅で療養させてほしい」と頼んだのだが、休ませるどころか、反対に親から仕事を休む分の「休業補償を請求する」と言われてしまった。

二歳児クラスの時には、同じクラスの子どもとケンカをして智也君の顔にひっかき傷ができた。ひっかきやかみつきは、二歳児クラスではよくあることである。もちろん、なによりそういったことが起こりにくい保育環境の余裕が必要であるし、もしひっかきやかみつきが起こりそうだと保育士が感じたら、事前に止めることがベストである。

とはいえ、タイミングが悪かったり、見逃していたりして、間に合わないこともある。それでも、子どもが赤ちゃんの頃から互いに知っている親同士であれば、そんな状況も承知のうえで「お互い様」という気持ちになるのが普通だろう。

しかし、この智也君の親は違っていた。保育所だけでなく、ケガをさせた子どもやその保護者、さらに児童福祉課や市長に対しても怒鳴り込んだ。通院が必要なほどの傷ではもちろんなかったのだが、浜田保育士は智也君の親から、「傷跡が残るようであれば訴える」と言われていた。「傷を付けられた」と言って、相手の親にも怒鳴り込んだ。相手の親もあまりの剣幕に、おびえきってしまったという。

ひっかき傷の治療に関しても、一般常識をはるかに超えた要求をしてきた。治療にかかった費用だけでなく、通院のための交通費、さらには付き添いのために仕事を休んだ母親の休業補償を請求してきた。それができないとわかると、今度は智也君の通院の付き添いを上尾保育所で保育時間中の保育士がすることを要求してきた。親だけでなく祖母も、同様のクレームをつけてきていた。周囲にいる人たちは、いやでも智也君の親の言動に敏感になっていた。

そこで、市の児童福祉課では、このクラスが二歳児の時に、保育士を加配することにした。二歳児クラス一八名に対して通常の三人の職員に一人を増やし、四人の保育士が保育にあたっていた。

智也君の保護者の言動については、代替職員として上尾保育所に五年前から勤務し、やや離れたところからこの保護者の言動について見聞きしていた元島保育士が詳しく証言している。

「その現在四歳児クラスの問題のある親御さんは、たとえば自分の子どもがひっかき傷をつくってきたようなときに、〈ひっかいた子どもの目をうちの子に移植させる〉と言ってきたり、0歳児のときに中耳炎にかかってしまったので〈休んだ方がよくなりますよ〉とアドバイスすると、〈会社を休んだら、私の退職金は誰が払ってくれるの？〉と言ってきたり、何かにつけて〈役所に訴えてやる〉等の言動が多い人だと聞きました」。

浜田保育士も「対応に苦慮していた」ことを、遺族の申し入れ（平成18年6月8日）に対する代理人からの書面（返答は平成18年7月25日）の中で具体的に証言している。

智也君の親からの要求はどんどんエスカレートし、二歳児クラスの時の顔のひっかき傷が消えないといって、三歳児になってからも「保育時間内に所長と担任が付き添って病院に通院させるよう」にという要求をしてきたのだ。浜田保育士は「江波所長の指示を受けて、三か月に一回あるいは半年に一回のペースで、保育時間中に、所長と祖母と共に智也君に付き添って通院していた」。浜田保育士が保育から抜ける分は、他のクラスの保育士に応援に入ってもらっていたという。

「通院回数は計四、五回で、四歳児の初めに通院したのが最後」（前同、浜田保育士の代理人からの書面）というが、そこまでおかしな要求に、ただ従うだけでよかったのだろうか。智也君の親に対する配慮を必要以上に行わなければならなかった結果、ほかの子どもたちの保育がおろそかになっていたのではないかという疑念が生じる。

「現在ではいかに所長の命令であっても、担任としては、他の児童のことを考えれば、これを拒否し、保育所に残るべきであったと思っています」（前同、浜田保育士の代理人からの書面）と、付き添った浜田保育士自身が回答している。

同じく担任の川上保育士も、自らが育児休暇を取っている間（平成15年に復帰）に、ほかの保育士からこのクラスが、

「保護者との関係もぎくしゃくしていたとの話を聞いた」と、事件の後、9月に述べている。

「（普通なら）お子さんがケガをされた際、担任の先生が消毒なり診察を受けて、保護者の方に事情をお話しするのですが、このクラスではそのようなやり方ではだめで、そのようなことがあった場合は、担任の先生と、クラス全体の保護者が集まり、そこで今後どのように対処したら良いのか等、話し合いの場を持ったりしたそうです。ですから、お子さんにケガをさせないように、いつも以上に細心の注意をしなければいけなかったとのことでした」。

この「お子さんにケガをさせないように」というのは、子どもすべてに、という意味ではなかったのではないか。特定の子ども、つまり、親が異常なほどの対応をしてくる川口智也君にケガをさせないように細心の注意をしなければならなかった、という意味ではなかったのか。

上尾保育所と同じくらいの規模の公立保育園の元園長によれば、子どものケガのために、保育士や園長が通院の付き添いをすることはある、という。保護者からの要求でというよりは、園側から提案する場合もあるそうだ。

「クレーマーというけど、今どきの保護者は当たり前にさまざまな要求をしてくる。上尾保育所では職員がそれを正面から真摯に受け止めることができなかったから、智也君の保護者はエスカレートしていった可能性もある」

と元園長は言う。

一方、智也君は、自分の親の無理な要求を、保育所が受け入れる様子をちゃんと見ていたに違いない。自分には「特別な対応」がなされていると感じていたのか、保育士に叱られるとすぐ、「親に言いつける」と言っていたという。クラスのほかの子どもに対しても同じような態度であった。加えて智也君は月齢が高く、0歳児から上尾保育所に入所していたことで、月齢の低い子や後から入所してきた子どもたちに対して優位な立場にあった。そのことも、智也君がクラスで力を持つことに関係していたはずだ。これが小学生以上であれば、明らかに「いじめ」と受け取れるような「命令」を、侑人君やほかの子にしていたことも一度や二度ではない。

二歳児のときの「ひっかき事件」を知っている親たちは、なるべく智也君の親と関わらないようにしていた。「触らぬ神に祟り無し」といった感じである。とにかく関わらず、余計なことを言わないことが得策だとでもいうように、クラスにそんな問題があることを、侑人君など後から入所してきた子どもの親たちに伝えることもなかった。

「モンスターペアレンツ」の存在のせいで、侑人君のいたクラスは親同士の仲も悪く、保育士たちからも市の担当者からもまるで腫れ物に触るかのように扱われていた。そういった殺伐とした空気の中では、当然、子どもたちも荒れる。川上保育士は、やはり「育休中に聞いたこと」として、

「テーブルにつけない、ごちそうさまもできない。とにかく落ち着きのない子が多く、一人を連れ戻してはもう一人連れ戻す。食べ終わったらごちそうさまを言わせるなど、当たり前のこ

とができていなかったので、一から教えるではなく、0から教えなければならなかったそうです」

と言っている。

三歳児クラス担任の安西秀子保育士は、

「最近の子どもは、親に大事にされている子はいいのですが、大事にされていない子は暴力的になり、友達同士のトラブルも多く、目が離せない毎日です。また、生活が夜型になったせいか、朝食を食べてこない子もいるし、保育所の押し入れの中やピアノの裏などの部屋の隅でゴロゴロしている子もいます」と証言している。

また、特に「自由遊びの時間」になると子どもたちは保育所内を自由奔放に動き回っていた、という証言もあることから、保育所の中で子どもたちはルールもなく勝手に動き回っていたようなのだ。

「窓やピアノ等に登って遊んでいる子どもや棚から飛び降りる子ども、廊下を走っている子ども、カーテンにぶら下がっている子ども等がしばしば見受けられる状態だった」

という所長の証言もある。

私自身、子どもを公立保育所に約一五年間預けていたが、保育参加の時間や遊びの時間を見ても、こういう状態の子どもたちを見たことも聞いたこともない。試しに、つい四か月前に近所の公立保育園を卒園したばかりの双子の息子たちに、

「保育園で、押し入れの中に入ってゴロゴロしたり、ピアノの上に上ったり、カーテンにぶら下がったりして遊んだことはある？」と尋ねてみたのだが、

「ないよ。そんなことしたら、先生にすっごい怒られるよ！」

と言われてしまった。自由なこととルールを守らないこととは違う。当時の上尾保育所では、四歳児クラスだけでなく、保育所全体が相当荒れていたのではないだろうか。

　ところが、市の児童福祉課では、このクラスが二歳児から三歳児に上がるときに、突然、加配を無くしている。市内で所長としての評価が高かった江波所長を異動させる代わりに、加配の保育士を減らしたのだ。

　どこの保育所でも、一般的に所長が直接子どもたちと関わる場面は少ない。所長がクレーム処理などの対応に長けていたとしても、現場の保育士にとってはマンパワー不足になっていたとしても無理はないだろう。二歳までは四人の保育士で一八人の子どもを見ていたのが、三歳からは二人で二五人を見ることになった。「モンスターペアレンツ」の問題が解決されたわけでもなく、相変わらず「手のかかるクラス」であったにも関わらず、担任が一人で抱えなければならない子ども（そしてその保護者）の人数が増えたのは、大きな負担になっていたはずだ。

担任のなり手がない

誰からも「手のかかるクラス」と思われていた四歳児クラスは、ほかのクラスの保育士たちからも恐れられていた。裁判資料を読むと、四歳児クラスがすべての保育士から受け持ちたくないと思われていたことがわかる。すでに一歳児の段階からこのクラスの担任をしたいという保育士がまったくおらず、お互いに「押し付け合い」のような格好で担任決めをしていたこともわかっている。また、事件に直接関係しないものの、上尾保育所全体の雰囲気の悪さについても多くの保育士達が供述している。

事件のあった平成17年4月から新しく上尾保育所に異動になった丸尾主任保育士は、以前勤めていた保育所と比べて、

「子どもの姿が違う」

という印象を持ったという。

「侑人君が在籍していた四歳児のクラスは、口うるさい保護者がいたり、児童がちょっとケガをしただけでも、ものすごいクレームをつけてくる保護者がいるため、自分から進んで担任に

なりたいという人がいなく、今回、私が異動してきてからも四歳児の担任がなかなか決まらなかった」

0歳児クラスの大塚看護師は、

「四歳児クラスは実はとても問題のあるクラスだったようでした」

と語っている。

「私は当時ほかの保育所におりましたし、自分の娘も上尾保育所に預けている状態でしたので、なるべくそういう話しは聞かないように努めてきたのですが、それでもなんとなく風の噂で〈今度の四歳児クラスの親はうるさいみたい〉という話しが私の耳にも届きました。実際に保育の場に関わっていると、そういう〈うるさい親〉というのはどこのクラスにも存在するものであり、そういう〈うるさい親〉が多いのかな、程度に思っていたのですが、担任決めの会議の時には、みんなそのクラスの担任を嫌がり、川上先生は責任感の強さから〈順番みたいなところがあるから……今年は私だから〉と担任を持つことを承諾するような状態でした。順番というのは、つまり〈自分は異動をしていない、古株の先生にあたり、その中で自分の順番がきた〉ということを彼女自身が判断したのだと思います。浜田先生にしても最初は難色を示していましたが、〈みんなが持ち上がりを希望している〉と説得すると、その説得に負けたように最後は〈何とか頑張っていきます〉と、いう感じで引き受けてくださったのです」。

みんながやりたがらない中で、浜田保育士、川上保育士が説得され、しぶしぶ四歳児の担任を引き受けざるをえなかった様子が伝わってくる。

「みんなが嫌がるクラスの担任を引き受けてくださったのに、こんな事件まで起こってしまって、本当に言葉にはしきれない複雑な思いが私にはあります」と大塚看護師は供述している。

一歳児クラスの伊賀雅子保育士は、四歳児クラス「きく組」のことを、

「親御さんに問題というか、少し口うるさい親御さんがいて、担任決めのときいつももめるのです。ですから、私たち他の職員にも四歳児のクラス担任を川上先生と浜田先生に押しつけてしまったという思いが少なからずあった」

と証言している。

「嫌な仕事を押しつけてしまった」という思いが、他の保育士たちの間に蔓延していたのではないだろうか。


同じく0歳児を担当している代替保育士（臨時職員）の高崎順子保育士は、当時三八歳で、他地域の幼稚園で一〇年間の教諭経験を経て、他地域の保育所の臨時職員をした後、平成14年4月から上尾保育所に勤務していた。

「四歳児クラスは以前から自己主張が強い保護者が多く、担任を好んでやりたい人がいなく、いろいろあって浜田先生と川上先生に担任が決まったという話は聞いて知っています」。

そのうえで、高崎保育士は自らの経験をふまえてこう述べている。

「複数の保育士がいる場合、お互いの連携が当然重要でありますし、保護者の協力というのも不可欠です。ですから担任を持っている保育士にとって、保護者からのクレームが多い場合などは、保護者との対応やその児童ばかりに神経がいったりすることがあるのです」。

一歳児クラスを担当している代替保育士の元島良子保育士は、

「今の四歳児クラスはとても問題があったようです。クラスの担任を決定するときはとても大変だったようでした。毎年、そのクラスは担任決めの時にもめるようで、私はその担任決めの会議にも出席していませんし、詳しいことはわからないのですが、保育所は一クラスでクラス替えもなく、幼稚園と違って問題のあった園児同士を引き離す、という措置もできませんので、ずっと同じクラスのまま、長い子は六年間も保育するわけですから。そうなると仲の悪くなってしまった親御さん同士も、六年間顔をつきあわさねばならなくなるので、とても大変であると思います」

と、かつて経験したことのある幼稚園での体験を引き合いに述べている。

事件の起きた平成17年に上尾保育所に異動し、一歳児クラスの担任だった梅沢安代保育士は、

「このクラスは他のクラスに比べて保護者に気を遣っていたみたいです。このクラスの一部の保護者が以前、上尾保育所の先生と信頼関係が出来なかったことから、以後何かにつけてうまくいかない事があり、担任の先生達はその保護者に対して気を遣っているようでした」。

同じく二歳児クラスの寺原淳子保育士は、

「ここだけの話……」として、

「侑人君がいた四歳児のクラスは、保護者の方で子どもの保育について熱心な保護者の方がいて、去年、浜田先生と星野先生が担当しておりましたが、結果、星野先生は担任を代わり、浜田先生が持ち上がりとして四歳児を受け持ったようです」。

そして、きく組の担任だった浜田保育士自身も、

「(きく組)は口うるさい保護者が多かったので、みんな担任になりたがらなかったのです」と証言している。上尾保育所では、通常なら、担任が二人いれば、そのうちの一人が次の学年に持ち上がりになるのが慣例だった。しかし、「口うるさい保護者」がいることから、クラス運営においても他のクラスに比べて非常に神経を使わざるをえないため、みんな担任になるのを嫌がっていた、という。それは、四歳のときだけでなく、そのもっとずっと前の一歳の頃から始まっていた。

浜田保育士は上尾保育所に異動してきたばかりの年に、ちょうどこの学年が一歳児の時に、ほかの保育士二人(星野保育士、小山保育士)と共に担任をしている。本来、やはり一歳から二歳に上がるときには誰かが持ち上がりになるのが慣例だが、このときも担任をやりたい人がおらず、二歳児クラスでは持ち上がりをせずに、井川保育士、遠藤保育士の二人が担任になっていた。しかし、「口うるさい保護者から担任を代えてくれ、という要望があり」(浜田保育士)

またもや持ち上がりなしで、一歳の時の担任だった浜田保育士と星野保育士が三歳クラスを担任することになった。

「私が担任を嫌だったというより、当保育所で担任をしたいという人がいなかったのが現状だったのです」。

浜田保育士はそう供述している。

そして四歳児にあがった時も、状況はまったく同じであった。

「私も決して例外ではありませんでした（＝担任になりたくなかった）が、誰も手を挙げないので、私が持ち上がりの担任として、四歳児のきく組を川上先生と二人で担当することになったのです」。

川上保育士も、担任決めが紛糾したことを証言している。

「四歳児の担任はなかなか決まりませんでした。決まらないというのは、希望者がいなかった、ということです」。

それでも、川上保育士はイヤイヤながらも自ら担任を引き受けることにした。

「第二子を妊娠するかもしれないけれど、それでもよければ」という控えめな条件付きで担任を引き受けた。

「正直な話、私もこのクラスの担任を希望してはいませんでした。しかし仕事ですから、担当した以上はきちんと子どもたちに接してきました」。

誰もやりたくない四歳児クラスの担任を、それまでの流れを受けて無理矢理引き受けざるをえなかった二人の保育士たちに対して、保育所のほかの保育士たちはみな、同情的であった。そんな状態の中で事件が起きてしまった。事件について、保育士たちや市の児童福祉課などが、真相究明に積極的にならなかった理由の一つに、この「押しつけてしまった」という負い目があったのではないかと感じる。

職員同士の信頼関係の欠如

上尾保育所には、正規の職員のほか、代替保育士（保育士資格を持っている非常勤の保育士）や、パートの保育補助の職員も大勢保育に加わっていた。現在、こういったことは全国のどこの保育所でも同じであろう。公立保育所でも運営費の一般財源化の影響で、多くの自治体で保育にかかる予算を減らす傾向が強まり、新規の正規保育士を採用しない形で保育士減らしを進めるところが増えてきた。新規に若い正規の保育士を補充しない分、非常勤の保育士や、派遣保育士を入れて、保育を「回し、流す」。表向きの民営化は進んでいなくても、保育所の中身はこういった方法でコストダウンされている。私はこの現象を「内なる民営化」と指摘してきた。

いくぶん余談になるが、以前、こういった「派遣保育士」の取材をしようと、人づてにそういった働き方をしている人を探していたのだが、なかなか見つからず困っていた。なんとか探し出して話を聞き、記事を書いた後、わが子を預けている保育所に張り出された職員の写真をよく見ると、なんと私が毎日わが子を延長保育の時間に預かってもらっていたのが派遣保育士だったことがわかった。派遣保育士の人は数か月働いて辞めてしまった。そういう契約だったのかもしれないが、「灯台もと暗し」だと驚いた。

そういった「内なる民営化」の影響に加え、保育所の大規模化、長時間開所化によって、シフトが複雑になってきている。東京二三区内でも、夜10時30分までの夜間延長保育を実施している公立保育所もあるが、そういった保育所では、毎日一〇段階のシフト制になっていて、職員同士が顔を合わせて話し合う時間がなかなか取れないのが職員たちの大きな悩みだという。

保育士免許を持っていないパートの職員たちは、ただ保育の手伝いをしているだけではない。そういった職員がいかに子どもたちの次の動作、先の行動を読んで、保育の準備ができるかどうかで、免許を持っている保育士たちがスムーズに子どもたちをまとめ、うまく保育できるかどうかが変わってくるのだという。

子どもたちが保育所の外にお散歩に行く時には、子どもたちを引率する保育士だけが目立つが、そういった時間こそ、パートの保育補助職員たちの腕の見せ所なのである。みんながお散歩に出た後、保育室に残って部屋の掃除をし、子どもたちが帰って来る時のためにたらいに水を汲んでおき、雑巾を用意して、帰って来たらすぐに足を洗えるように準備をしておく、といったことが補助職員の仕事だ。子どもたちが次にどんな保育を受けるのかを知ったうえで、そのとき何が必要かといった「先を読む技術」が必要だ。もし、いざ子どもたちがお散歩から帰って来てから足を洗う用意をしていたのでは、次の保育メニューにスムーズに入ることができない。子どもたちが足洗い場に一気に集まってしまうなどして混乱すれば、おのずと子どもがケガをする危険が高まる。

うまく保育を行っているベテランの公立保育所の保育士ほど、そういった保育補助の職員さんたちの重要性や彼らに助けられていることをよく知っている。長く保育所に勤めているそういった職員さんたちは、子どもたちのことも地域のこともよく知っている。働き方や待遇は違うが、子どもに関わるという意味では同じ立場にある。そういった「縁の下の力持ち」の職員たちを大切にしている保育所ほど、保育がスムーズに行われているのである。

しかし、上尾保育所では、そういった保育補助のパート職員や非常勤の保育士と正規職員との間で、互いの信頼関係が築き上げられているとは言い難かった。特に、事件のあった四歳児クラスでは、浜田、川上の担任の保育士と、山口聡子時間外担任（保育士資格なし）との間でのコミュニケーションがまったく取れていなかった。山口担任は、昭和56年以来、二四年間に渡って上尾市の公立保育所で働き続けてきた。上尾保育所には、現在の場所に移転して開所した平成4年から継続して勤務している。勤務時間は朝7時～8時30分までと、夕方5時～6

時、あるいは6時30分までで、時には夕方だけのときもある。長くて毎日二時間半、短い時には一時間だけの勤務で、時間的には短いが、上尾保育所については誰よりもよく知っていると言ってもいいだろう。

しかし、浜田、川上両保育士によれば、二人の担任とこの時間外の山口担任との関係は上手くいっていなかったようだ。

「担任と時間外担任とのコミュニケーションは、主として時間外担任（山口）の個性が原因で、数分間の事務引き継ぎ程度で十分にはとれていませんでした。時間外担任に対する父兄からの苦情も多く、所長に対し、この時間外担任問題を報告はしていたのですが、同時間外担任がベテランであることもあり、事態は改善されませんでした」。

（平成18年6月8日付け申し入れ書に対する代理人の回答書による）

実際、二人の証言通り、コミュニケーションはうまく取れていなかったようだ。山口担任本人が述べたことによれば、侑人君の事件のあった8月10日の夕方5時から勤務に入った山口担任は、事件があったことを、

「子どもたちから聞いて、その後テレビのニュースで知った」

と証言している。普段からいい関係が出来ていれば、その日の勤務中に少なくともほかの保育士から話しを聞けたのではないか。

また、八千代さんは連絡ノートの中でも、侑人君がほかの子にいじめられている状況を書き、

「時間外の先生に状況を聞いてもらえばわかると思います」

と連絡ノートに記しているのだが、二人の担任が山口担任にそのことを尋ねたかどうかは定かではない。


山口担任自身の証言にも、侑人君がどんな子であったかといったことや、どういった保育をしていたか、といったことに対しても、あまり熱意を感じられないという面は感じられる。

侑人君に関しては、

「私が知っている榎本侑人君は、おとなしい感じの園児だったのです」

ということのみを証言し、関わりの中でのエピソードなどは出てこない。また、

「今回の事故の時にも、担任の先生が二名で見ていたわけですから、子ども達から目を離している時間があってはならないと思うのです」

と、二人の担任に対して批判的でもある。

「私の身分はパートで、保育士の免許は持っていません」

「私は時間外パートですので」

といった言葉を、短い証言の中で何度もくり返している。どことなく「パートだから」ということを理由に、なるべく関わりを少なくしようという感じが見受けられる。


山口担任の性格に起因する問題も確かにあったのかもしれないが、上尾保育所では「パート」「非常勤」と正規職員の間の線引きが、必要以上に強かったのではないか。たとえば前述した

東京二三区内の保育所のベテラン保育士は、私が非正規職員について取材した時に、話の中で何度も「保育が上手く行くかどうかは、パートさんの実力にもかかっている」と繰り返していた。非正規の職員の存在がなければ保育が続けられないことを正規の職員が理解し、非正規の職員の存在を尊重し、お互いに協力しあっていかなければ、いい保育はできないはずだ。

事件当時の上尾保育所の中には、そういった雰囲気は感じ取れない。

非常勤の元島良子保育士は、「非常勤」という立場について、17年10月にこう証言している。

「非常勤の先生は昔から少し弱い立場にあり、私も実際に不満がないこともないですが、非常勤という立場上、それを飲み込んで働いているというところはあります」。

後述するが、非常勤の職員は、上尾市では職員会議に出ることすらなかった。

「今は非常勤の先生をもっと優遇しようというような働きかけもあるようですし、現在の所長はこれまで非常勤が出られなかった懇談会等の出席も認めてくれたりして、非常勤職員にも配慮してくれていますが、実際には非常勤というのは立場的にとても弱く、他の先生方に意見しづらい立場にあり、会議にも出られませんし、自分の意見を言う場所もないわけです。ただ決定されたことをこなしていくという意味では非常に楽な仕事であり、正規の先生方から意地悪をされるようなこともないのですが、正規の先生から一線を引かれているんだ、と感じることもあり、そんな時はとても寂しいなと感じます」。

事件が起きた時、四歳児クラスの保育に補助で入っていた小山芳江保育士も、朝8時半〜午後1時までの短時間保育士だった。小山芳江保育士は、侑人君がおそらく本棚に入ってしまっていたであろうと思われる間、給食の配膳やお昼寝布団を敷くために、四歳児の保育室と給食室やホールの間を行ったり来たりしていた。前述したが、そこで、四歳児クラスの子どもたちが出たり入ったりしているのを見ているほか、侑人君がいなくなった後、一緒に遊んでいたのではないかと思われる野口慎治君、澤田康一君、川口智也君の三人に侑人君の行方について聞いていた。そのとき、三人からそれぞれ、

「僕、侑人と手をつないで帰って来たよ。保育所の前の木のところでセミ採りしたよ」（慎治君）

「僕、侑人君と一緒にホールで遊んでいたよ。水を飲みに行ってずっと帰って来なかったんだよ。消えちゃったよ」（康一君）

「侑人君とホールでセミごっこして遊んだよ」（智也君）

という話を聞いていた。事件の直後にそのようなことを子どもたちに尋ねているのだから、そのことを担任や所長に伝え、子どもたちにそのときにもっと話を聞いていれば、少なくとも侑人君を園の外に捜索に行くようなことにはならなかったのではないだろうか。もし、短時間の職員だからと正規の職員への遠慮のせいで、突っ込んだ対応ができなかったのだとしたら、残念なことだ。

また、正規の保育士同士の連携もよかったとは言えない。「自由遊びの時間」で、異年齢の

子どもたちが交錯して遊んでいるにもかかわらず、保育士同士のコミュニケーションが取れていたとは言い難い。気持ちの面でもそうだ。もし、大変なクラスを担当していたとしても、所長はじめ他の保育士たちがそのことを思い、暖かな心がけをしていれば、「自分は見放されたわけではない、支えられている」という実感を持てたのではないか。少なくとも「押しつけられた」という気持ちは少なくなるのではないか。

侑人君の名前と顔が一致しなかった保育士もいる。捜索に一時間かかったことが、結果的に侑人君の命を奪うことにつながった。日頃からの職員間に存在していた「格差」や、職員同士の関係性の悪さが、事件に少なからず影響を与えていたのは確かである。

保育士と保護者との間の溝

保護者は保育所に関わることで、「親として育てられる」という一面がある。子どもが生まれるまでは、子どもがどのように育っていくものなのか、最初から理解して子どもを生んでいる母親、父親などほとんどいないはずだ。

私自身もそうだった。最初の子どもを0歳から保育所に預けることになったが、どのように、何を指針に子育てをすればいいのか、何もわからなかった。たとえば、保育所から帰って夕食までの間に、子どもがぐずって泣き、なだめても泣き止まない。刻々と時間が過ぎるのに夕飯は出来上がらない。どうすればいいのかわからず、ほとほと困っていた時に、

「すぐに食べられるおにぎりやパンを用意して、少し食べさせながら夕飯を作ればいいですよ」

とアドバイスしてくれたのはほかでもない担任のベテラン保育士だった。気配りしてくれる先生で、何か困っていることがあると、さりげなく声をかけてくれた。

二歳を過ぎてもスプーンを上手に使えなかったわが子は、保育所の給食の時にも自分で手を使わず、先生を前にしてお口をアーンと開けているだけだったらしい。ある日、何か担任の先生とお話をする機会があり、

「お母さん、お家でいつもお母さんが食べさせてません？　たくさん汚した子の方が早く自分で食べられるようになるわよ。覚悟を決めて、自分でやらせてみて。すぐにできるようになるから大丈夫」

と言われた。「アーン」とさせているのは図星だったので、ギクッとした。しかし、頭ごなしに怒られたわけではなかったので、覚悟を決め、言われた通りにしてみた。すると、あっという間に上手にスプーンやフォークが使えるようになって驚いた。子どもの発達を実践的に体得している保育士の先生たちのアドバイスは、どんな育児書よりも頼れる存在になった。

しかし、そういう関係もすべて、保育士と保護者との人間同士の信頼関係がきちんと出来上

がったうえに成り立つものである。私は担任の先生を信頼していたから、言われたことを受け入れることができた。もし先生と信頼関係を築いていないときに、スプーンが使えないことをしつけがなっていないというように厳しく指摘されていたら、きっと保育所に対する不信感だけが残っていたことだろう。

侑人君は上尾保育所に入所する前、家庭保育室の「ひまわり保育園」に預けられていたが、榎本夫妻はそこでは保育士といい人間関係を築き上げていたので、保育所に対して何らネガティブなイメージを持っていなかった。しかし、上尾保育所に入所してからは「ひまわり保育園」で築き上げたようないい人間関係を築くことができなかった。それは上尾保育所の方が「ひまわり保育園」よりもずっと定員が多かったこともあるが、それ以上に、前述したような殺伐とした人間関係の中で、保育士と保護者とが良い関係を持つような土台がまったくできていなかったからということが大きいだろう。

「ひまわり保育園」で侑人君について「いいところ」とされていた部分はほとんど、上尾保育所では見事に「よくない」部分とされていた。

四歳児に上がった時、川上保育士は三歳児クラスからの引き継ぎとして、浜田保育士から侑人君について

「特別な配慮が必要な子」

と聞かされていた。侑人君だけでなく、榎本夫妻、特に母親の八千代さんに対しても次のよう

なことについて引き継ぎを受けていた。

「侑人君のお母さんが、侑人君のことを大変気にかけていらして、〈他の児童に優先してうちの子を守ってほしい〉等の強い要望をお持ちでした」。

「ことある事に私ども職員が保護者の方と連絡事項を交換しあう連絡帳に〈侑人はどうなのでしょう〉〈こう言っていますがどうしてでしょうか〉等と記載してきていた」。

「記載の都度、連絡帳にそのことについて説明したり、送り迎えの時に直接お話をして説明しても、感情的になられたり、なかなか理解していただく事ができず」。

「そのために四回も個別に面接を行ったりもしたのですが、それでも保育所に対し不信感をお持ちになっている」。（以上、川上保育士の証言より）

つまり、川上保育士は担任になる前に、すでに浜田保育士から侑人君の母親についてネガティブな情報を与えられていたことになる。

当初、川上保育士は、実際に八千代さんと接してみて、

「とても心配なされる方であるということは感じられましたが（中略）、いつも心配されて保育所の接し方、あり方に不信感をもっておられる様ではなく、他の保護者に比べたら多少はそのような記載が多いかな、といった様子でした」

という印象を持っていた。

しかし、第二章で明らかにした連絡ノートの中身を見ていけば、榎本夫妻が話し合いを持ち

たくなるような状況であったことは理解できるだろう。保育士からすれば、子どもは二〇人、三〇人といるうちの一人にすぎないが、親からすればわが子は唯一無二の存在である。「神経質」と思われても、子どもをきちんと見て守れるのが親しかないということがわかれば、親は必死になって子どもを守るしかない。

保育士と保護者である榎本夫妻の信頼関係は、三歳のときから、特に他の子との関わりについての問題をきっかけに悪くなっていった。

まず、浜田保育士の「特別な配慮が必要な子」という思い込みだ。三歳児クラスの時、浜田保育士と共に担任をしていた星野寛子保育士は、侑人君の印象について、

「やさしくて、ほがらかな園児で、楽しそうにしているグループのところに積極的に後から入れてもらい、みんなと遊べる園児だった」

と述べている。この印象は浜田保育士、川上保育士が語る侑人君像とはずいぶん違っている。浜田保育士は、

「明るくて気持ちがやさしく、性格も素直でいい子ですが、反面、気が弱く、自分で意思表示がきちんとできないところがありました」

と、侑人君の性格をネガティブな部分から見ることが多かった。

三歳児クラスの時から問題は積み重なり、次第に保育士側と榎本夫妻の溝は深まっていった。それは第二章三項、四項の連絡ノートのやりとりの中に詳細に記されている。

三歳児のときの「お布団に上って他の子に突き飛ばされた」という一件が大きな溝のきっかけになり、四歳児に入って決定的な保育士不信を生んだのが、「プールに入らなかったのに入ったと言った」という一件であった。

「なぜ、智也君と侑人の間に入ってくれないのか」

「この保育所は強い子が居心地がよくて、弱い子は居心地が悪いところなのか」

という八千代さんの抗議に対し、川上保育士は、

「大人が介入すると大人の介入を待つお子さんになりますよ」

と答えている。

　さらに、高志さんが浜田保育士に、

「侑人をちゃんとみていてほしい。強い子だけが楽しい保育所はおかしい。いじめる子に対してはきちんと注意してほしい」

と、抗議したところ、浜田保育士は、家庭での食事のことなどを高志さんに問いかけたうえで、

「生活の基本的なことができれば、他の子たちも侑人君のことを認めるようになる」

といった回答をしている。

　さらに、保育所での子どもの様子が見えない保護者にとって、唯一の頼みの綱である連絡ノートに、侑人君がプールに入っていないにもかかわらず「プールに入った」と記載されていたことについて、

「連絡ノートは信頼しているので、見てもいないことを見ているように書くのはやめてほしい。子どもの人数が多くて書くのが大変だったら書かなくて結構ですから、その代わり必要なことは書いてほしい」

とも訴えた。浜田保育士は、

「わかりました」

と答えたと高志さんは記憶しているが、裁判の中ではそういったやりとりがあったこと自体を浜田保育士は否定している。連絡ノートのやりとりはいわば「密室」であり、こういった問題が他の保育士に共有されることはなかった。少しでも侑人君のよいところを見ようとする保育士が関わっていれば、また違った状態になりえたのではないだろうか。


侑人君のよいところをちっとも見てもらえないと感じていた榎本夫妻と、その状況を何ら改善しないどころか、保護者に責任を押しつけるかのような形で子どもたちの指導を行わなかった二人の保育士の間の溝は埋まらなかった。特に、侑人君はプールが大好きで得意だったのである。水に潜ることができて、ほかの子から「すごいね」とほめられたのに、保育士はそのことについては書かず、見てもいないことを記した。しかも、「プールに入るな」と侑人君に命じたのは、川口智也君であった。そのことを連絡ノートで夫妻が何度も繰り返し訴えているにも関わらず、二人の担任保育士は、ついに智也君から事情を聴くことはなかった。これは、モンスターペアレントである智也君の親への配慮から、あえて智也君に問い糾さなかったのであり、弱い立場にいた侑人君が、そのために割を食ったと考えられる。

このプール事件からわずか一か月半ほど過ぎた時点で、侑人君は亡くなってしまったのである。

榎本夫妻は今でも、

「自分たちも川口智也の親のように、市役所や市長のところに怒鳴り込んでいれば、こういった対応にはならず、侑人の命を守ることができたのではないか」

と後悔している。現場の保育士や保育所はもちろん、市の保育関係の部署すべてが、異常なほどの強い主張をする保護者とその子どものことだけを見ていた。

「うちの子をちゃんと見てください」。

そう言い続けた榎本夫妻の主張は、極めて正当なものであった。しかし、その切実な訴えは保育士たちにはまったく通じていなかった。訴えても訴えても、「子どもが悪い」「親のしつけが悪い」と聞く耳を持たない保育士を相手に、榎本夫妻の心労は大きかった。今でも、

「やはり転園させればよかった」

という思いはぬぐい去れないという。

実は、事件の後にも、榎本夫妻にとって保育士に対する不信が増す出来事があった。

榎本夫妻が、事件当時主任として、侑人君と一緒だった四人の子どもたちの女性警察官による事情聴取にも立ち会った丸尾保育士に「話を聞きたいので自宅に来てほしい」と求めたところ、

「いやです。責められるだけなのに、なぜ私が行かなければならないのですか?」

と激しく断られたのだ。上尾市では保育士に遺族である榎本夫妻との接触を表立って禁じることはなかったものの、「各保育士の自主性に任せる」としていた。つまり「何を言っても保育士の勝手だが、すべて自己責任であり、上尾市は保育士を守らない」という意味である。丸尾保育士は、四人の子どもたちと一緒にいたことで、他の大人が知らない事実を子どもたちから聞き出した可能性もあるかもしれない。榎本夫妻が求める「なぜ侑人君は亡くなったのか」という真実を解明するために、極めて重要な人物であった。

それなのに、丸尾保育士は自ら榎本夫妻との接触を断った。もはや、面倒なことには関わりたくない、という態度である。最後まで、保育士と夫妻との溝はうまらなかったのだ。

所長は何をしていたのか

保育士それぞれの動きは見えてくるが、保育所の責任者としての所長が、この保育所の中でどう動いていたのか。供述を読んでも通り一ぺんな感じを受けるだけで、よく伝わってこない。江波所長はいろいろなことをしようとはしていた。

実は事件の直後、江波所長は真相究明のために、みんなの記憶が薄れないうちにと、いち早く聞き取り調査をしていた。市には内緒で行っていたもので、当日の職員の行動を分刻みで調べ、書面を作成した。しかし、事件の解明にとって極めて重要であったはずのその書面は、児童福祉課に提出されただけで、そこから表に出ることがなかった。児童福祉課長が聞き取り調査を行うことを止めたのは、

「事件当日、専門の調査機関である上尾警察署の署員が事情聴取を行っていること、調査能力の点からも、また今後の保育に対する影響の点からも適切でないと考えたから」(平成18年6月8日付け原告から新井弘治市長への申し入れ書に対する代理人からの回答書(平成18年7月18日))だという。市が(正確には市の保育課が)事件の真相をオープンにしようとしないスタンスを取ったことで、子どもと関わる仕事である以前に、「公務員」である上尾保育所の保育士たちの立ち位置は決められてしまったようなものであった。

江波所長は保育課長から、

「子どもたちがとても動揺している。またほかに事故が起こってはいけないので、子どもたちの動揺を抑え、できるだけ平常の保育に戻すことに力を出してほしい。職員はもちろん、保護者も心配したり動揺したりしているので、その状況を平常のあり方に早く戻すのがあなたの役割なのではないか。その調査はあなたがやるのではなく、事故調査委員会や警察がやることで

あり、あなたが調査をすることで園が混乱するようなことがあってはいけない」

という趣旨のことを言われた。

しかし、職員や子どもたちから証言を集めて事実を解明することと、平常の保育を行うこととは両立できるはずだ。

「両立できると思いました。その気持ちはずっと私の中にありましたが、できませんでした」。

江波所長はそう語っている。

事故調査委員会では、

「本件事故の原因究明を困難にしているのは、被害児童と一緒に遊んでいたと思われる子どもから、事故当日の10時30分頃から11時35分頃までの被害児童の動静について、事故直後に系統的に聴取していないことである」

と断定している。そのうえで、

「事故直後に系統的に聴取がなされていれば、被害児童の早期発見や事故原因の究明につながった可能性は否定できない。したがって、事故直後の保育所職員および児童福祉課の対応の不十分さは責められるべきである」

と指摘している。

結局、被害者の侑人君の保護者である榎本夫妻が、事件後に保育所や上尾市に対して最も強く求めていた「侑人君はなぜ亡くなったのか」という真実を知ることは、上尾市の保育課と保育士たちの手で、早い段階で封じられてしまったに等しい。

江波所長は、上尾市の懲戒処分を受けた平成18年1月31日付けで退職している。

「(保育士に子どもたちの動静把握について)指導していなかった私自身の責任も痛感しております」

と語っているが、江波所長自身、ほかの保育士との信頼関係が築けず、孤立して苦労していた形跡がある。もともと、江波所長の配属と同時に、問題があるとされていた侑人君のいた三歳児クラスでは、それまで付けられていた加配がなくなった。要は江波所長の腕に任せる、といったことだったのだろう。その力量を見込まれ、大変な場所にぽんと投げ込まれたような形の赴任だった。

江波所長が赴任してみると、侑人君の事件が起きる前にも、上尾保育所では保育士が子どもの動静把握をしていない出来事があった。五歳の園児がプールで遊んでいる間に、担任の保育士が保育室に残って片付けものをするなどしていて、園児の監視をしていなかったのだ。プールをしている間、側で園児を見ていないなどというのはありえない話であるが、上尾保育所では平然とそうしたことが行われていたのだ。

江波所長は大変驚き、

「命に関わることだから、園児の監視をきちんとやってください」

とその保育士に話した。しかし、

「保育士は『はい、わかりました』と口では言ってくれましたが、その後、実行はしてくれませんでした」。

そういった保育士たちから保育を受けている園児たちの様子はとても荒れていた。

「あまりにも目に余る行動がたくさんあり、少しずつ改善していこうと思った」

というが、実際には難しかった。

「なかなか保育士が理解を示してくれないこともあり、すぐに改善ができたというものではありませんでした。ですから、保育士や園児たちの意識を少しずつ変えて、よりよい環境作りをしていきたいと考えていたのです」。

江波所長が赴任して1年を過ぎたころ、ようやく、子どもたちは「廊下を走らない」「窓やテーブルに上らない」「カーテンにぶら下がらない」「手洗いをきちんとする」「靴を決められた場所に並べて置く」といった当たり前のことが、

「段々とできるようになってきたのです」

という。

「所長は、環境面のことについては力を入れていたが、保育についてはあまり指導されなかった」

という保育士たちの証言がある。それについては、

「私の保育理論の中では、環境整備は当然保育のことを含んでいると解釈しております」

と、言っていたが、そのことは保育士たちには理解されていなかった。

ある公立保育所の元所長によれば、保育士が所長の言うことに従わないことは、往々にしてあることなのだという。その元所長が言うには、

「保育士になって5年くらいという若手の保育士でも、気にくわなければ所長に従わなかったりすることもある」

のだという。孤立無援の状態である。そういった保育士たちを自分に引きつけるために必要なのは、

「保育を語ること。それに尽きる」

という。自分がどんな保育をしたいと思っているのか。最初は保育士たちにそっぽを向かれても、「わかってくれそうな人を一人でも味方に付けるようにして、とにかく保育を語る」ことで、一人、二人と次第に反発していた保育士たちが自分の方に向いてくれるのだという。

しかし、江波所長がそういったことについて語ることはなく、保育士たちへの注意もあまりしなかった。

「保育士の中には、当然私の考えと意見が食い違うものもおりますし、あまり細かいことを言うと、口うるさいとか、細かすぎる等の批判を受けたりするので、正直、あまり細かいことを指導しなかった部分もあったのだと思います」。

保護者からの苦情もあった。

「内遊びが増えて、外遊びが少なくなった」

というものだ。江波所長は上尾保育所にはおもちゃが少ないと感じたことから、おもちゃを購入して園児が遊べるようにしたのだが、

「おもちゃで遊ばせるから、外遊びができなくなった」

「所長に代わってから、遊具をたくさん用意するので外遊びが無くなった」

といったことを、保護者の懇談会で言われたこともあったという。

もちろん、江波所長は室内遊びが好きで、外遊びが嫌いというわけではなかったが、保育の中身についても保育士だけでなく、保護者とも信頼を築くことができずにいたわけである。

所長自身が人間関係に苦しんでいた。その打開策を打ち出せないまま、子どもたちが危険な目にあうのをみすみす見逃してきた結果、侑人君の命を守れなかった。所長としてやるべきことが、きちんとできていたかは疑問である。

クラスの親同士の不和

事件が起きた四歳児の「きく組」では、多くの子どもが0歳から入所していた。同じ保育所

に通っているとはいえ、親たちが仲良くなるには意外と時間がかかるものだ。特に乳児の時には、子ども同士の関わりが少ないこともあり、親たちの関係が深まるきっかけは少ない。

そのようにまだ親同士のいい関係が出来上がっていなかった二歳児の頃に、クラスでは川口智也君へのひっかき事件が起きた。智也君の親に責められ、訴えると抗議された親はすっかり萎縮してしまった。ほかの親たちも智也君と関わりを持って親から責められることを恐れ、お互いに関わらないようになってしまった。このクラスは特に親たちの仲がよくなく、バラバラであった。

しかし、上尾市には保護者の連絡会「杉の子連合会」も存在し、父母の会の活動も比較的盛んではあった。クラスの親たちの仲が悪いことを気にして、なんとかクラスの和を築こうとしていた親もいる。

四歳児「きく組」に進級した直後の5月の職員会議の議事録には、「きく組の保護者がクラス通信を作ってきた」とある。「二歳の時からクラスがバラバラで、そのまま卒園という形にはしたくない」と思っている親が、独自に作ってきたものであった。

こういった保護者の活動を、積極的に勧めている保育所も多いが、公立保育所の中には、なるべくそういった活動を押さえようとするところも少なくない。しかも、年々その傾向が強くなってきている。上尾保育所でもこうした保護者からの申し出に対し、「保育所とは関係なくやる。〝自由にお取りください〟という形で許可をした」とある。

この「クラス通信」は四歳児きく組だけでなく、二歳児ちゅうりっぷ組でも行われていたことが、6月の職員会議の議事録に書かれている。

「保護者の親睦が主目的。発行元は保護者。一部保育所でもらってください」という指示がある。

保育所の姿勢としては、元々うまくいっていないクラスの親たちを上手に結びつけることで、保育所の運営をスムーズに行おうというものではなく、むしろ親のことは親だけでやってほしい、という感じである。最近は、多くの公立保育所で保護者会活動が低迷してきている。保育所の中で保護者がネットワークを組むのを嫌がり、保育所の連絡用の文書入れポケットを使わせない、という保育所も一〇年以上前から徐々に増えて来ている。親同士が仲良くして、保育所の活動を盛り上げてくれたほうが保育所にとってもいいと思うのだが、保育所の職員ではなく、市区町村の方でそういった取り決めを行ってしまう場合も多い。

保護者同士の関わりがうまくいっていないことを、子どもは敏感に察知する。智也君は、自分の親の無理な要求を、保育所や他の親たちが受け入れる様子をちゃんと見ていたのだろう。自分には「特別な対応」がなされていると感じていたのだろう。二歳児のときの「ひっかき事件」を知っている親たちは、なるべく智也君の親と関わらないようにしていた。

保護者の中には、八千代さんに対して、

「泣き虫侑人君、また泣いてるの？」

などと、声をかけてくる人もいたという。そういった言葉に、八千代さんは傷ついた。普段から関係がうまくいっている保護者同士であれば相手を思いやるはずで、そういった声かけには絶対にならない。「なぜ保護者からそういったことを言われなければならないのか?」と八千代さんは深く悩んだという。

事件の後も、保護者同士の関係は殺伐としていた。榎本夫妻は他の保護者たちの間に流れる「犯人捜しはやめてよね」といった空気を感じ取っていた。直接バッシングされることさえあったという。夫妻によれば、実際、事件後に他の保護者から、

「あなたたちが騒ぐことで、うちの保育所が大変になった」

「早く日常の保育に戻してほしい」

「なぜうちの子が警察に呼ばれて話をしなきゃならないんだ」

「あれは事故で運が悪かったかもしれないけれど、うちの子たちのせいにしないで」

「担任の保育士二人が辞めることになって、うちの子たちが不安定になっている」

というような主旨の言葉を他の保護者たちから投げかけられるような場面もあったという。

これまで全国各地で起きた小中学生のいじめ自殺事件で、自殺した子どもの周囲にいた子の親たちが捜査に協力しないどころか、自殺した子どもやその家族を非難するような行動を取ることがあったが、榎本夫妻もまさにそういった状況に陥ったと感じていた。

「同じ立場としていちばん親身になってくれそうな親たちが、いちばん味方になってくれな

かった」。（八千代さん）

誰も本当のことを言ってくれなかった。事故の直前、子どもたちがホールでかくれんぼをしていた、といった事実を榎本夫妻が知ったのは、テレビのニュースだったという。

「途中入園だったので、侑人だけじゃなく、私たち親も、クラスの親同士の力関係の中では弱かったのです」

と夫妻は振り返る。

月に一度の職員会議

上尾市内の公立保育所では、それぞれ保育所全体の職員による職員会議を開くこと、と決まっていた。しかし、実質的には毎月一回、しかも一回あたり二時間以内とすると定められていた。これは、残業代や時間外勤務手当を減らすために市側が市内の保育所すべてに対してそのように指導していたものである。上尾保育所でもその取り決めに従って、毎月一回、二時間以内と定められた時間内での職員会議が開かれていた。

この「毎月一回、二時間以内」という規定はどう考えても短すぎる気がしてならない。思い出すのは、私が子どもを預けていた公立保育所での職員会議のことだ。園長先生はじめ保育士の先生たちが、ほぼ毎週、夜遅くまで職員会議を行っている様子を見ていた。私はお迎えが最も遅い何人かの親のうちの一人であったため、延長保育終了ギリギリの時間に子どもをお迎えに行くことがよくあったのだが、別の保育室に集まった先生たちが真剣な表情で議論している様子をよく見かけたものだ。

一一七人の子どもがいた上尾保育所で月一回、二時間以内という時間設定には少々無理がある。二時間では主にその月に行われる行事の運営や予定の確認程度しかできなかった。

0歳児担任の大塚看護師は、

「私としては、子どもの事についてもっとじっくり話し合いたいと思っているのですが、人件費、残業代の節約かは知りませんが、会議は二時間で終わらせることが保育所では当然になっており、その月と翌月の行事予定を確認すると、子どものことを話す時間なんてほとんどなかったのが現状です」

と述べている。

毎月一回の会議では、所長が用意したレジュメが配られた。保育所の職員会議で「レジュメが配られることは初めてだった」と大塚看護師は話している。レジュメの中では職員が注意しなければならないことなどが書かれていたというが、

「どれも真新しいことではなく、どちらかといえば、わかっていると思うけど確認するわね、

という意味合いの方が強かったように感じます」。

事件の起きた年の4月に上尾保育所に赴任した二歳児担任の梅沢保育士は、

「上尾保育所では事故があるまで、所長さんからの定期的な指示はなく、何か事故等があった時に指示が行われるだけで、また、報告についても自分の担当クラスの状況等を文書にして報告したりすることもなく、何か問題があった場合のみ報告する程度でした。会議についても毎日行われず、月一回職員会議のみですが、この場においても口頭での報告だけですので、文書等による引き継ぎや報告、指示は行われませんでした」

と証言している。直近まで別の保育所にいた梅沢保育士は、前の保育所との比較もしている。

「これ（職員会議が毎月一回、二時間以内であること）は上尾保育所だけでなく、他の保育所においても同じでした。ただ、上尾保育所は規模が大きく、他の保育所に比べ、先生達も自分のクラスの園児に対応するのが精一杯であり、他のクラスまで目が届かなかったのではないかと思います」。

月一回二時間という極めて短い職員会議では、その月の予定や行事を確認するだけで、「保育を深める」「問題を共有化する」といったことはできなかった。さらに、非正規の保育士や職員たちは、このわずかな職員会議に出ることすら許されていなかった。

短時間保育士の小山芳江保育士は、

「勤務を始めた時に、その当時の所長から児童の安全面、職員間の協力、協調についての指導を受けました」

というが、それ以降、そういった指導は一切なかったようだ。

「保育所での毎朝の職員朝礼などはしていません」。

一歳児クラスの産休代替であった元島保育士は、非正規の職員が職員会議に出られない問題について、かなり多くの証言をしている。

「保育所では月一回職員会議が開かれますが、私は非常勤職員ですので、その会議には出席しません。自分が働く職場の会議に出席できないということは少しおかしいような気がするのですが、残業代が出せないせいかどうかはわかりませんが、昔からそういう風に決まっているのだそうです」。

同じ場所で、同じ子どもたちを保育している場に加わっているのに、非常勤職員は職員会議に出られない。もちろん、免許のないパート職員は当然、職員会議には出ない。これでは非常勤職員の中で問題意識があっても、それを提議する場も、共有するチャンスもない、ということになる。

経費削減という理由のために職員会議の回数が少なく、時間も極めて短かったため、連絡事項に終始せざるをえず、保育士たちが保育を深めるための話し合いをするまでには至らなかったこと、さらに実際に保育に加わっている保育士であっても非正規は職員会議には参加できなかったこと。これらの二つの理由のために、上尾保育所では、子どもたちや保護者たちが抱えている問題について、その子どもがいるクラスの担任保育士と所長以外には共有化されなかった。大きな問題のある子どもがいるクラスは、どうしても手薄になりがちであることから、本来、保育所全体でフォローしていくことが必要だ。大変な子どもが多いクラスの保育士を、ほかの保育士たちがどのように支えていくか、といったことを話し合い、そういったシステムを構築するチャンスはまったくなかった。クラスで起きている問題は、当事者であるクラス担任の保育士が、直接所長に伝え、所長との間で共有するだけにとどまっていた。

園児一一七人という規模は、現在では特別に大きな保育所ではないが、職員会議でほかのクラスが抱える問題まで共有することができなかったことで、子どもたちの顔と名前が一致しない保育士も多かった。侑人君がいなくなったとき、保育所にいた保育士一八名のうち五名が、侑人君の顔と名前が一致しなかったというありえない事態が起きていたことも、この職員会議が充実していなかったことに起因していると言えるだろう。

ある別の公立保育所の元所長によれば、何パターンもある非常勤の保育士を職員会議や年齢ごとのグループの打ち合わせに参加させるのは、至難の技なのだという。勤務体系や賃金の問題があるから、ただ「出席して下さい」と言えばいいだけではない。その日の勤務に早く出てもらう、早く昼食をとってもらうなどして、勤務時間内に打ち合わせに参加してもらうような苦労がある。それを行なうかどうかはすべて所長の考え方次第である。今の雇用形態では、非常勤を打ち合わせに参加させるのは普通にやっていたのでは不可能だ。絶対的な仕組みの問題が存在するのである。

保育所内の死角～「本棚」の問題

侑人君が命を落とした本棚は、上尾保育所の廊下の角の部分にある「三角倉庫」と呼ばれる倉庫の前に置いてあった。三つ並んだ同じ形の本棚で、上の部分にはこちら側に絵本の表紙を見せて差して収納できるような形になっており、その下の部分に、押し入れの地袋のような引き戸がついた収納部分があった。一つの本棚の高さは120cm、幅は90cm、奥行きが44cm。それが三つ並べてあるうちのいちばん右端の本棚の下にある収納部分に、侑人君は入り込んで亡くなった。

上尾保育所の廊下は、日中でも異様なほどに暗い。南西向きの園舎がちょうどアルファベットのL字型に折れている角の内側の部分にあたり、園庭に面する保育室からも、裏側のトイレや給食室の側からも光が差してこない。しかも、微妙に廊下が曲がっていて、四歳児の部屋や事務室からも見えない場所にある。薄暗く、誰からも見えない「死角」ともいうべき場所に本棚が置いてあった。

私が見た時にはもちろんすでにその本棚は三つとも撤去してあったが、その場所に行くと何よりも先に「薄暗い」という印象が先立った。暗くて、ちょっと怖いような気持ちになった。慣れてしまえばここも毎日の生活の一部になってしまうのかもしれないが、子どもたちがこの場所に集まって喜んで絵本を読むような雰囲気ではないと感じた。

この本棚が置かれた図書コーナーは、江波所長の前の所長が勤務していた時代に設置された。本棚の安全管理や維持、本棚や絵本の管理について誰か担当者がいるわけではなかった。

この図書コーナーがどのように設置されたかについては、井川佳子保育士が詳しく述べている。

「あの図書コーナーの本棚は前所長の時に設置されることになりました。その頃は、各クラスに絵本は置いてありましたが、本の貸し出しはクラスごとになっていて、貸し出しをしているクラスもあれば、貸し出しをしていないクラスもありました。また、子どもが本を投げたり、ビリビリに破いたりと乱暴に扱ったりしていることもありました。子どもにとっても絵本は情緒面の発達に重要な役割を担うということで、最初は前所長から、〈本を充実させていったらどうかしら。ゆっくりと本が読めるスペースがほしい。本は高価な物だが、保護者の方にも貸し出しして、どんどん読んでほしい〉という提案がありました。〈全員が使える図書コーナーがあったらいい。その場所からコミュニケーションも生まれるだろう〉と、当時の先生方で話し合い、図書コーナーを作ることになったのです」。

ここで気になるのは、「絵本」のあり方だ。井川保育士の証言では前所長の時から、上尾保育所では子どもたちが本を破いたりするなどの行為が見られたというから、かなり荒んでいる感じを受ける。一方、クラスでも絵本の貸し出しをしていたり、していなかったり、クラスに任されていてかなりバラバラだったということからは、絵本に関しても職員の間に共有されているものがなく、各クラスにすべてがバラバラに任されていたという印象を受ける。

井川保育士は、絵本コーナーが、なぜあのような暗い場所に設置されることになったのか、その経緯についての証言をさらに続けている。

「なぜ現在の位置になったかというと、私は〈ホールに置いたらいいじゃないか〉〈玄関のところのスペースはどうか〉等と、意見してみたのですが、結局、前所長の意見で、〈あそこ（現在の図書コーナーの位置）がいい。暗いなら電気を付ければいい〉と。私自身はあの場所は本を読むのに適しているとはあまり思わなかったのですが、現在の位置になりました」。

本を差すように収納する形の本棚を選んだのも、前所長だった。

「以前勤めていた保育所でも同じ物を使っていたということで、それと同じ物を購入することにしたのです」。

図書コーナーの管理、絵本の管理をしていたのは、前所長および、当時の江波所長であった。

「たとえばシーズンごとに本を入れ替えたり、写真を貼って図書の返す位置を限定したり、という作業は、前所長、現所長がしてくれていました。とにかく、あの図書コーナーは園児にもとても好評で、あそこで絵本を読んでいる園児はたくさんいますし、保護者の方も利用してくださっています」。

二歳児担任の伊賀雅子保育士は、事件当時上尾保育所で働き始めて六年目だった。本棚が設置された時にも勤務していたはずだが、

「本棚の位置、どういった本棚にするか、といったことは私たち保育士の知らないところで決まっており、その経緯などはまったく知りません。本棚が設置されたのは、前所長のときでした。落ち着いた雰囲気の中で子どもたちが絵本などに触れることができるスペースがあったほうがいいということで〈図書スペース〉を作ることになったのだと思います」

と証言している。二人とも正規の保育士であるが、前出の井川保育士が積極的に図書コーナーの設置に関わったのとは対照的である。前所長の時からこういったことについても職員同士での共有は行われておらず、こういうことができる人、興味のある人、たまたま関わる事になった人が関わる、というような状態だったのかもしれない。

本棚の置いてあった場所について、伊賀保育士は次のように証言している。

「一時期、本棚がホールに置かれていたこともあったと思うのですが、リズム遊びのときなどに邪魔になるので、廊下に移したのだと思います。私はあの場所が本を読むのにいいスペースだとはあまり思いませんでしたが、危険な場所ではなく、暗いので電気もつけてくれた、ということで、別に意見などはありませんでした」。

0歳児の大塚看護師がこの図書コーナーの設置を知ったときは、自身の娘を上尾保育所に預ける保護者としての立場であった。

「いつだったかはっきり思い出せないのですが、娘が通っている頃に、今回の本棚は新しく作られた図書スペースに設置されるようになったのでした。私も当時は親の立場でしたし、図書スペースが設置されるにあたっては、子ども心を育てる絵本は大切だと聞いて知っていたし、絵本を自由に借りられるなんて便利、良い本が揃っているな、等と単純に思っていました。図書スペースの位置についても、ゆっくりと図書を読めるように広い場所を考えたのだろう、と特別良い場所だとも悪い場所だとも思いませんでした」。

図書の整理については、

「所長がすべて行っていると思います」

と、大塚看護師は答えている。

「しかし、私の認識では、図書の整理は所長だけの仕事ではなく、気がついた人が積極的にやらなければならないという風に思っていますし、実際所長も、∧散らかっている本などがあったら各自で整理してね∨と先生方に言っていましたので、∧図書の管理は私がします∨と所長自身が言っているわけでもないと思うのですが、特にクラス担任などになると本当に時間もなく、上も下もないほどに忙しいので、図書に構っている暇はない、という感じになってしまい、結果、なんとなく所長の仕事というふうにみられているのだと思います」。

実は、この図書スペースの場所に関しては、前所長が上尾市児童福祉課に対し、「三角倉庫の横の廊下に本棚用の補助照明を設置してほしい」と頼んでいたという経緯がある。その際、児童福祉課ではこの場所を調査したのだが、暗くて本棚の設置場所として適していないということから、別の場所を再度検討してほしい、照明器具を設置することはできない、と回答していた。

ところが、上尾保育所では設置場所について再検討されることがなかった。独自に保育所分配の消耗品費で照明器具を購入し、父母が設置して、そのままその場所を図書スペースの場所として固定してしまっていた。

しかも、市の児童福祉課では、その申請を却下した後、上尾保育所の図書スペースの場所がどうなっていたのか、別の場所に設置するようにという指導に従ったかどうか、まったく調査せず、放置していたのである。

そして、その本棚の下の引き戸の収納庫の中に子どもたちが出入りしているのを、多くの保育士が見ていた。その数は全保育士の中で八人にも上る。他に子どもたちが出入りする様子を目撃した保育士からの話を聞いていた人が一人いて、合計するとなんと九人もの保育士が、子どもたちが本棚の下の収納庫に入り込むことがある、という事実を知っていたのである。

井川佳子保育士は、もともとこの本棚の設置にも関わっていた経緯があるだけに、収納庫に入る子どもの姿を見た時の驚きを証言している。井川保育士がその場面を目撃したのは、侑人君の事件からわずか五か月前の平成17年3月のことだった。当時、井川保育士が担任していた一歳児クラスのヒロム君が、

「私から身を隠すため、本棚の下のスペースに、腰をかがめ、手をつきながら四つん這いになって入って入っていったのです」。

そのとき、引き戸は開いており、中に本は入っていなかった。ヒロム君の身長は約80cm、体重は10kgと「かなり小さく細身」（井川保育士）な男の子だった。

「私はそれを見て〈え、こんなところに入れるの〉と正直なところ、思いました、私の考えとしては、本棚の戸の中にはもちろん〈絵本〉が入っているものと思っていましたし、何より本棚の戸の中なんて、いくら幼いとはいえ、人間の入るような、人間の入れるようなスペースではないという概念がありましたので、ただただこんな狭いところに入れるんだ、と思った記憶があります」。

そのときヒロム君は、井川保育士をさらに驚かせるようなことをした。

「ヒロム君はそこに入ったまま、ふふふふふと笑い、私の方をいたずらでもするような目つきで見ながら、たぶん左手を使ってだと思うのですが、自分で本棚の戸を内側から閉めようとしたのです」。

井川保育士は絶句したが、声をあげるとヒロム君を驚かせてしまうと思い、叫びたい気持ち

を飲み込んでヒロム君をゆっくり本棚の中から出した。そして、両方の肩に手を置いて、「こんなところに入ってはいけない。こんなところに入って、戸を閉めたりして、見つけてもらえなかったら死んじゃうかもしれないよ」。

そう言い聞かせた。

事件からわずか五か月前に、いくら体の大きさが違うとはいえ、一歳児が保育士の目の前で本棚の下の引き戸の中に入り、自ら戸を閉めようとしていたということは驚きである。この時はしっかり保育士が見ている前の出来事であったために、幸いにも事件には発展しなかった。逆に問題提起のいいチャンスであったとも考えられる。

それなのに、井川保育士はこのことを、

「何となく言いそびれてしまい」

当時一緒に一歳児クラス担任をしていた二人の保育士にしか伝えていなかった。

「そのときも職員会議のような場所ではなく、日常の中で普段の子どもの様子を伝えるように、伝えただけだったと思うので、そのときの二人の先生の反応は私もよく覚えていませんし、先生方も私が言ったことをおぼえているかどうかはわかりません」。

井川保育士の目の前で本棚の下の収納に入り、一度は言い聞かせて「わかった」と納得したようだったヒロム君だが、その後、同じ三月に、同じく井川保育士の目の前で再度本棚の中に入り込もうとするという出来事が起きた。そのときは、井川保育士がヒロム君を抱きかかえ、本棚に入るのを止めた。

「私もさすがに、立て続けにこんなことが起こるようではいつ事故につながるかわからない、所長に報告しなければならない、と、当時のクラス担任にヒロム君がまた本棚に入っていたことを伝え、現在の所長に〈図書コーナーの本棚の中に入っている子どもがいます。今回は見つけることが出来て、ヒロム君にここに入っちゃダメ、と注意したんですが、危ないんで、なんとかしてください〉とこのことを告げたのです」。

しかし、井川保育士がそのことを所長に伝えたのは、職員会議のようにほかの保育士がいる場ではなかった。

「そのとき所長は、〈なんとかしなくちゃね、考えておくわ。絵本を整理するから待って〉と言っていました」。

江波所長は、その後、井川保育士と約束したとおり、引き戸をはずして絵本の整理をした。井川保育士は引き戸が危ないと感じていたため、所長が引き戸を外したことを「危険防止のため」だと思ったのだが、それは実際には「図書の整理のため」に外しただけであり、整理が終わるとまた引き戸がつけられてしまっていた。

結局、井川保育士の問題意識はそれ以上強くならず、ほかの保育士に広がることもなかった。

井川保育士のほかにも、本棚に子どもが入った様子を自分の目で見たことがあると証言した保育士は七人いる。杉原美津子保育士、高崎順子保育士、伊賀雅子保育士、島村亜紀子保育士、星野寛子保育士、安西秀子保育士、江波文江所長である。ほかに、梅沢安代保育士は「目撃した保育士からの話を聞いたことがある」と言っている。

入った子どもの年齢や体の大きさは、さまざまであった。

「二歳児のタイジ君」（高崎保育士）

「担任していた0歳児の子どもたちが、自分で本棚の戸を開けて、本棚の下のスペースに四つん這いになって入ってしまった」（伊賀保育士）

「四歳か五歳児で、侑人君と同じくらいの体格の児童が四つん這いになって本棚に両手と頭を突っ込んでふざけているところ」（島村保育士）

「一〜二歳児の園児が本棚の戸の中に足を入れていた」（星野保育士）

「一〜二歳の小さい子どもが中に入って遊んでいるのを見た」（安西保育士）

「四歳児くらいの児童が頭から入って出たり、おしりから入って出たりして遊んでいるのを見た」（江波所長）

保育士たちが特に心配していたのは「引き戸」の存在であった。直接子どもが本棚に出入りしているのを見たことはないが、その話を聞いたことはある、という梅沢安代保育士はこう証言している。

「今回事故のあった本棚ですが、私が赴任したときにはすでにおいてあり、今までの保育所では扉などついた本棚はなかったので、私は嫌だなと思い、引き戸を外せばいいのに、と思ったのです」。

「危険だ」という認識があった保育士がそれほどいたにもかかわらず、その問題はすべて江波所長に放射線状に集められただけで、ほかの保育士たちとの間でその危険だという認識が共有されることはなかった。その理由は、前述したとおり、職員会議が月に一回二時間と極めて短く、そういった保育上の問題を話し合う時間が取れなかったことかもしれない。しかし、何よりも保育士たちに絶対的な危機感が欠けていたのではないか。

保育士だけでなく、子どもたち自身が、本棚の中に入れると証言している。事件の直後に事情聴取された四人の子どもたちは、みんな、「本棚に入れる」ことを証言している。井川保育士が見たヒロム君は一歳児だが、四歳児になってからも、あるいは三歳児の時までは、その本棚に入ることができた、と言うのだ。本棚の下の引き戸に入って遊ぶことは、保育士たちにとっては驚きだったかもしれないが、子どもたちにとっては保育士たちの目を逃れる、楽しい遊びの一つだったのかもしれない。

子どもたちの実際の証言は、以下のようなものであった。

前田芳雄君の証言。

女性警察官（以下、警）「本棚の下にはどうやって入るの？　戸は自分でしめられるの？」

芳雄君（以下、芳）「ばら組さんのときにはぼくとともやは入ったことがあるよ。正座みたいな形で足から入るの。戸は手を外に出さないでもしめられるよ。中から、戸に手をぴったりつけてしめるの。きく組さんになってからは大きくなっちゃったから入っていないよ」
警「中が真っ暗になるくらい、ぴったりと戸は閉められるの？」
芳「うん」
警「その閉めちゃった戸は自分で開けられるの？」
芳「開けられるよ。戸に手をぴったりつけて引っ張ると開くの」
警「侑人君はその本棚には今までにも隠れたことがある？」
芳「あるよ。きく組さんになったとき、本棚の中に入ってるのを見つけたことがあるよ。戸は自分で閉められるんだよ」
警「先生たちに本棚に入ったところを見せたことある？」
芳「ないよ」
警「先生は子どもが本棚に入れることは知らないのかな？」
芳「知らないよ」
警「先生に〈本棚に隠れたらあぶないよ〉って怒られたことある？」
芳「怒られたことないよ。遊んでるから怒られないよ」

平山祐志君は、次のように話している。

女性警察官(以下、警)「本棚の下にはどうやってはいるの?　戸は自分でしめられるの?」
祐志君（以下、祐）「あたまから入るの」
警「中が真っ暗になるくらいぴったりと戸は閉められるの?」
祐「しめない」
警「侑人君はその本棚には今までにも隠れたことがある?」
祐「ゆうとは自分で隠れて戸を閉められる」
警「先生たちに本棚に入ったところを見せたことがある?」
祐「ある。お姉さん先生」
警「先生たちはそのとき怒ってなかった?」
祐「おこってなかった」

川口智也君の話しはこうだ。

女性警察官（以下、警）「あの本棚の下に入ったことある?」
智也君（以下、智）「チューリップ組の時にはあるかも。でもばら組のときに、よしお君と一緒にちょっと入ったことあるよ。ドアは閉めなかった」
警「侑人君が本棚の下に入ったの、見たことある？」
智「ないよ」
警「先生たちは、本棚に入ってるの、見たことある？」
智「ないよ」
警「先生に、本棚入っちゃだめよ、って言われたことある？」
智「厳しい古屋先生に見つかって、注意されたことある。あのね、ちゅーりっぷ組の時に入って、そのときは見つからなくて、ばら組の時ときく組のときに入って注意された。本棚の下、入ったことあるの。浜田先生にも見つかって注意されたこともあるよ」

澤田康一君は以下の通りだ。

女性警察官（以下、警）「本棚の下にはどうやって入るの？　戸は自分で閉められるの？」
康一君（以下、康）「ぼくは入ったことないけど、手を入れて、足を入れて、頭を入れるの。戸は外側に手を出して閉められるよ」
警「中が真っ暗になるくらいぴったりと戸は閉められるの？」
康「わからない」

警「侑人君はその本棚には今までにも隠れたことがある?」
康「侑人は自分で隠れて戸を閉められるよ。智也は戸を閉められないけど、本棚には入れる」
警「先生たちに本棚に入ったところを見せたことがある?」
康「ないよ」
警「先生は子どもが本棚に入れることは知らないのかな?」
康「うん、知らない」
警「先生に〈本棚に隠れたら危ないよ〉って怒られたことある?」
康「怒られたことはないよ」

侑人君が亡くなった日の午前中、一緒に手をつないで畑に散歩に行き、自由遊びの時間にも一緒に遊んでいた野口慎治君は、次のように言っている。

女性警察官(以下、警)「本棚の下にはどうやって入るの? 戸は自分で閉められるの?」
慎治君(以下、慎)「ようすけが四歳のときに入っていたよ。しんはもう五歳だから入らないの。入ったこともないの。扉はしめられるか、わかんない」
警「侑人君はその本棚には今までにも隠れたことがある?」

慎「見たことないよ」
警「先生たちに、本棚に入ったところを見せたことがある？」
慎「ないよ」
警「本棚に入れることは、先生は知らないのかな？」
慎「うん」
警「先生に、〈本棚に隠れたら危ないよ〉って怒られたことある？」
慎「しんはやったことないから、怒られたことないよ」

子どもたちの多くが「本棚には入れる」と言っているのだ。

子どもの証言と保育士の証言が一部食い違っている部分もある。川口智也君が、本棚に入っているのを「見つかって怒られたことがある」と証言している古屋主任保育士だが、警察での証言では、

「見たことはありません」

と答えている。警察官から、

「古屋先生から、本棚のところでかくれんぼしていて注意されたことがあると話している児童がいますが、どうですか？」

と聞かれたことに対しては、

「私は児童が危ないことをしたり、危ない状況があればいつでも注意はしています。ただ、本棚でかくれんぼしているのを見たりはしていません」

と断定している。古屋主任の中では、本棚への危険認識は低かったのかもしれない。

「本棚を置いておくことが、児童にとって危険であったという認識は持っていませんでした。その認識が正しいのかどうかはわかりません。職員の会議などでも本棚を置いておくと危ないという話しは、一度も出ていないと思います」。

もう一人の主任だった丸尾主任保育士は、本棚を置いてあった廊下が、

「保育士の目の届きにくい場所で、死角になる」

という気持ちはあった。

「しかし、職員が廊下を通ったりしていれば、児童の行動を確認できるかな」

とも考えていたため、本棚の設置場所についての意見を言ったことはなかった。

丸尾主任保育士も、子どもが本棚の中に入っているのを見たことがなかった。他の保育士からも、これまでにそのような話しを聞いたことはなかった。

「今回、侑人君が亡くなるという事故があってから初めて、本棚の中に入っている子どもがいた、という話しが先生たちの口から出てきたのです」。

さらに、丸尾保育士はこう証言している。

「本棚が設置してあった場所については、私達から見て死角になる場所であり、電気を点けな

いと暗い場所でもあり、本を読んだりする場所としては適当ではなかったんじゃないかと、（中略）、また、本棚の戸を外すなどの対策を講じていれば、事故は未然に防げたものと思います」。

事件のわずか五か月前、ヒロム君が本棚の下に入り込んだ時、その問題をすべての職員に伝え、危険だという認識から引き戸を外していれば、侑人君が亡くなることはなかったはずである。九人もの保育士が「子どもが本棚の下に入り込める」ということを知りながら、それを黙認し、侑人君が亡くなるまでその問題を表に出すことがなかったことの罪は重い。

「自由保育」という放任

上尾市で最も古い公立保育所は上尾保育所で、昭和28（1953）年に開所した。以降、市内に公立保育所がどんどん設置され、事件当時には、上尾保育所を含め一六カ所の公立保育所があった。

上尾市子ども家庭課の資料によれば、上尾市内の公立保育所では、昭和48（1973）年頃までは「設定保育」と呼ばれる保育が行われていたという。子どもたちをきちんと椅子に座らせて、保育所が設定したカリキュラムに従って歌を歌ったり、テレビを見る時間もあった。子どもたちは「通り一遍の日々」を過ごしていた。

それが変わったのは、昭和49年に市立大谷保育所が開設された頃だった。同じ埼玉県深谷市にある「さくら、さくらんぼ保育園」で実践されていた保育の内容を知って魅せられ、勉強を始めた保育士がいたのだ。保育士仲間を誘い、「さくら、さくらんぼ保育園」の夜の保育の勉強会に自費で参加して、そこで行われていた「リズム」「歌」「描画」などの活動を通して子どもの発達について学んでいった。それが大谷保育所からやがて上尾市全体に拡がり、上尾市立保育所の保育＝「自由保育」として、定着していった、という。

上尾市側では、自由保育への変遷を的確に把握しているわけではないが、現場の保育士達の主導でそういった流れができ、市側でもそれを自然と受け入れる形になっていった。ただ、この方針について、市から各保育所に具体的な指示や指導は行われていなかった。

「さくら、さくらんぼ保育園」の保育といえば、故・斎藤公子先生が築き上げた創造的な保育として有名である。斎藤先生は大正9（1920）年島根県の隠岐に生まれ、東京女子高等師範学校で幼児教育を専門的に学んだ後、オランダ領ジャワに嫁いだ。その後帰国し、戦争中の悲惨な体験を経て、戦争孤児などの恵まれない子どもたちを育てる保育所の保育士として子どもたちのために働く一方で、ぬいぐるみ作家としても活動をするなど、美術、芸術にも長けた人であった。やがて深谷の地に親たちが建てた小さな保育園の園長として赴き、その地で亡くなるまで理想の保育を追求、実践し続けた。ダルクローズのリトミックを学び、アレンジして独自の「リズムあそび」を生み出したことでも知られている。その活動は映画や本などにもなって、広まってきた。最近では、世界的な脳科学者として知られる小泉英明先生（日立製作所役員待遇フェロー）と共に保育に関するＤＶＤを出している。

上尾市の保育所で「さくら、さくらんぼ保育園」の保育を学んで取り入れようとした頃は、まだ斎藤先生が存命中のことであり、保育士も保護者も理想の保育を作りだそうという「保育運動」に熱かった時代であった。公立の保育所と、豊かな自然に恵まれた深谷市の「さくら、さくらんぼ保育園」とでは、環境も施設もまったく違うため、そっくりそのまま導入するのは難しかったが、「少しでも近づけたいと保母（保育士）の誰もが願っており、上尾だったら何ができるのだろうと皆で真剣に考えて取り組んでいたそうです」（子ども家庭課の資料）。

一九七〇年代と今の時代とでは、環境はもちろん、保育に対する人々の熱意や思いも相当に違っている。市内でこの保育について学んでいる研究会が作成した文書を元にした上尾市の資料にも、

「平成に入り、環境・保護者・子どもが変わり、以前とは少しずつ変わってきたように思う。それに加え若い保育士も採用され、十分に伝えきれない部分もあることも否定できない」

というエクスキューズがある。確かに、保育士の証言のなかでも、ベテランほどこの「自由保育」について詳しく述べているが、若い保育士になるほど、定義や中身についての話しが曖昧

になっている。

上尾保育所でも「さくら、さくらんぼ保育園」の保育に由来するとされる上尾市の「自由保育」「自由遊び」が取り入れられていた。侑人君が姿を消した瞬間こそ、お天気が悪くてプールが中止になり、副案もないまま出かけた散歩も突然の雨で中止になり、園内に帰ってきてからお昼までの間に設けられた「自由保育」「自由遊び」の時間であった。

しかし、斎藤公子さんが記した書籍を読んだり残されているビデオなどを見た限り、上尾保育所で取り入れられていた「自由保育」「自由遊び」は、「さくら、さくらんぼ保育園」の保育とはまったく似てもにつかない。

「自由保育」「自由遊び」という言葉だけが、よいもの、素晴らしいものとして一人歩きし、斎藤先生が始めたものとはまったく違う形で定着してしまっていたのではないだろうか。上尾保育所でも取り入れられていた「リズムあそび」だけが「さくら、さくらんぼ保育園」のエッセンスを受け継ぐものとして形骸的に残されていたのかもしれない。

上尾市の「自由保育」の定義として、子ども家庭課の資料には、

「ひとり一人の子どもの意欲を大切に、仲間と関わりながら、友だちとの関係を大切に考えた保育を行っていると思います」

とある。三月生まれで途中入園という「子どもにとっては大きなハンディ」を負った侑人君。友だちとの関係を大切に考えるどころか、友だちとの関係で両親共に悩んでいた。そのことを

担任に相談しても受け入れられず、誰からも見つけられずに本棚の中で亡くなったというのが上尾保育所の現実であった。理想として掲げた「さくら、さくらんぼ保育園」の保育の定義とは真逆である。

上尾保育所では、「自由」ではなく、ただ子どもたちは「放任」され、野放しにされていた。そしてそれこそが「自由遊び」であると、はき違えられていた。

同じく上尾市子ども家庭課から提出された資料には、「さくら、さくらんぼ保育園」に由来するという「自由保育の研究会」が作った『自由（のびのび）保育とはどのような保育か』という文書がある。それによれば、『自由保育』とは、

「自由保育は放任保育ではない。自由保育ほど神経を使い、子どもひとり一人の自主性や主体性を育てる保育と考え、その中で子ども同士の友だちとの関わりや遊びの発展を目指し、子どもの把握・居場所の確認は基本的なことだが、保育士の専門性が問われる保育とも言える」

「子どもの人権が守られ、子どもの自主的な活動が保障される保育」

「子どもと保育士が深い信頼関係で結ばれていること。保護者とコンタクトが取れていること」

とある。いずれも、上尾保育所の事件当時の状況にはまったく当てはまらない。

たとえば、子どもの動静把握の問題である。

事件当時、散歩を切り上げて園舎に入る際に人数確認をしたのを最後に、担任の保育士は、給食のお皿が余っていると気付くまで、子どもたちの数を把握していなかった。その間、一時

間以上が過ぎている。

また、子ども一人ひとりの個性にも関心が払われていなかった。侑人君はおとなしい性格で、一人で園舎から出て行くことなどないはずだということは、日頃の侑人君の行動をよく把握していれば、保育士の直感として思いつくことであろう。上尾保育所の周辺は閑静な住宅街で、幼い子どもがウロウロ歩いていればすぐに目に付くようなところである。「川があるから」と心配して川の周辺を探した保育士もいたが、実際には川の周囲にはうっそうと草が生い茂り、子どもが一人で入っていこうと思うような場所ではない。おとなしい性格の侑人君であればなおさら、あのようなところに行くとは思えない。侑人君に会ったことのない私でさえも、保育所の隣を流れる川の様子を見た時に「こんなところに侑人君が来ようとするはずがない。なぜ、毎日侑人君と接している保育士がそう思わなかったのか」と感じたほどだ。

かつて「上尾の保育は素晴らしい」という言葉を聞いたことがあることは前述した。確かに七〇年代には「上尾の保育を良くしよう」という気持ちから、素晴らしい保育実践の研究が保育士たちの間で行われ、確かにその時は本当に素晴らしい保育であったのかもしれない。

しかし、時代は変わった。環境も、人々の心も、子どもたちも、親が求めるものも変わってしまってきている。素晴らしい保育の理念を追求するためには、時代にふさわしい勉強が必要だったはずだ。

侑人君の事件に対して設置された「上尾市事故調査委員会」の金谷京子委員長は、聖学院大学人間福祉学部教授で保育学、臨床発達学の専門家である。金谷委員長は裁判における尋問調書の中で上尾市の保育のレベルについて、

「全国レベルに達していなかったと言わざるを得ない」

と証言している。

「当時の上尾保育所では、子ども一人一人を大切にするといいますか、いわゆる日々、子どもの命を預かるといいますか、そういう保育といいますか、そういうのがやはり欠けていたのではないかな、という気がしました。要するに保育士の専門性がやや不足していたということが言えるかと思います」。

事故の後の調査のために、専門家が上尾保育所を訪れた時でさえ、動静把握が出来てないシーンに遭遇したという。

「ある二歳児さんがトイレでそれこそ真っ裸でいて、誰も把握していなかった。そういうことが起きていました。だから子ども達がきちんと見られていたかということに関しては疑問が残りますね」。

そして、上尾保育所、ひいては上尾市の公立保育所全体が導入していると考えていた「自由保育」だが、それも、

「本来、歴史的に言う自由保育とはちょっと違っていたと思います」と金谷委員長は否定している。

「自由保育というのは、子どもたちの興味、関心から、そちらが主体になって、そこから先生が環境を提供していくというようなやり方ですよね。（中略）（上尾保育所の保育は）自由な形態はとっている保育、ときにはお集まりするというようなこともちろんやっていて、運動会の練習をするとか、そういうのはやっていましたけれども、そういう意味で、完ぺきな自由保育だったとは思えません。（中略）子どもの興味、関心を重視している、それを大事にしているとは思えませんでした」。

子どもたちは、「自由保育」という名を借りた「放任保育」の元で、ただフラフラとさまようかのように園の中を動いていただけだった。

「（四歳児クラスの子どもたちは）どこかに集中して遊び込んでいるというよりは、転々としながら遊ぶ、というような印象でした。結局それは、保育者との関係です。保育者がそこまできちんとできていなかったから、そうなっていなかったのではないかと私は想像します。子どもたちに遊び込める遊びを提供していない。つまりは、子どもたちが本当に満足して遊んでいるという風がない。（中略）となると、子どもたちも、ふらふらと所在なくあちこち動いてしまうということになる。そうすると、動静把握がますますしにくくなるという悪循環が起こりますよね」。

事件の当時、上尾保育所の子どもたちが、廊下を走ったり、ピアノや窓によじ登ったりと落ち着きが無かった、と多くの保育士が証言している。そしてそのためにますます保育がしにくくなっていくという状態であった。

その「保育のしにくさ」の原因は、まさにこの金谷委員長の指摘にほかならない。子どもたちが全力で遊ぶ場所であるべき保育所で、子どもたちが集中して「遊び込む」ことができるようなものがなかった。保育士たちは「自由保育だから」という言葉の下に、子どもたちが遊び込めるようなものを何も与えなかったといわざるをえない。だから子どもたちは所在なくふらふらと園内を漂い、自分たちで遊びを見つけるしかなかった。

そこには「自由（のびのび）保育とは」という定義の中にある「子どもと保育士との信頼関係」も「保護者とのコンタクト」も存在せず、子どもの命を守るという点から「子どもの人権」さえも守られていなかった。

「子どもを主体にしながら、子どもの興味、関心にそってやるというのは、それは望ましい姿だと思います。できるのであれば、自由保育でするというのは、素晴らしいと思います。ただ、それに見合うだけの保育の力量がない場合に、中途半端でそれをしてしまうとかえって弊害が出る可能性があります。当時の上尾保育所では、結構、中途半端な格好だったんじゃないかなと推測しました。（中略）本当の自由保育で、子どもの主体性などを大事にしながらやっている保育の中にリズム遊びがあるんです。それは（上尾保育所では）確かに取り入れていましたけれども、斎藤先生がいうような趣旨の自由保育をしていたとは思えませんでした」。（金谷委員長）

第五章　上尾保育所だけの問題ではない

認可保育所で子どもを亡くすということ

榎本侑人君が上尾保育所の本棚の中で亡くなるという事件は、刑事事件としては略式起訴命令で終わった。しかも、被害者である侑人君の両親の榎本夫妻が最も知りたいと願っていた「なぜ侑人君は亡くなったのか」について、一切明らかにならなかった。そこで、榎本夫妻はさいたま地方裁判所に民事裁判として訴えた。二年以上にもわたる裁判で、最後には二度も判決が延期されるという状況の中、平成21年12月16日にようやく判決が出た。

榎本夫妻が求めていた「なぜ侑人君は亡くなったのか」という点については、残念ながら民事でも明らかにはならなかった。しかし、夫妻がずっと訴え続けていた、同じクラスの「モンスターペアレンツ」の存在が保育士の判断に影響していたことや、夫妻が何度も保育士にその「モンスターペアレンツ」の子どもと侑人君との力関係について訴え続けてきたにもかかわらず、何も策がなされなかったことなど、それが被告本人だけでなく、保育所や市全体の問題であったことなど、実に多くのことが認められた。

そして、公務員である被告の保育士たちの重過失が認められた。これまで、公立保育所の保育士が死亡事件を起こしても、こういった重過失に問われることはなかった。そういう意味でも、民事の判決が持つ意味は大きい。

しかし、裁判に勝っても、侑人君は戻ってこない。

今年平成23年8月10日で七回忌を迎える。

この間、上尾保育所では職員がすべて入れ替わった。父親の高志さんは、

「保育所も市役所も担当の人が次々に変わり、次第に誰を相手に訴えているのか、無力感を味わってきました」

と語る。

母親の八千代さんは、最愛のわが子を事件で亡くした後、市の対応に傷つき、裁判の中では何度もフラッシュバックを経験し、被告とのやりとりの中でさらに傷つき、心身共に体調を崩していた。七回忌を前に、やっと少しだけ気持ちが落ち着き始めたばかりだった。

「侑人は、公立の保育所に預けて亡くなってしまったんです。認可外ではなく、公立の認可保育所です。しかも、上尾市でいちばん大きな……。みんな入りたがっている保育所ですし、義務教育の小学校みたいに安心、安全な場所だと信じていました。そこで〈死ぬ〉ということがありえない場所で、子どもを亡くすことが、どれほどその後の親の人生に計り知れないダメージを与えるかを知ってほしいと思います」。

侑人君が亡くなった後、夫妻は高度不妊治療を行ったり、里親になることなども検討した。

しかし、それらはすべてあきらめた。

「今は、これから二人で自分たちの好きなことをやっていこうと言っています。残った人生をごまかしながら生きていくしかないんです」と八千代さん。

「つまんない人生ですよ……。子どもの教育費がかかるとか、進路に悩んでいるとか、そういったことは大変かもしれないけれど、私からみればそれも幸せなことです。私達はそういったことを悩む幸せさえ奪われてしまった。私たちは子どもを持たないと決めた夫婦ではありませんでした。子どもがほしくて、生まれて、その子どもを失ったのです。こんな風に生きる覚悟はできていなかった……。本当に虚しいのです」。

高志さんも八千代さんの言葉にうなずきながら、こう語る。

「もう何も失うものはないですし……。毎日二人が食べていければいいんです」。

二人はさまざまな「遺族の会」に行ってみたが、なかなか同じような立場の人に出会うことができず、苦しみを共有できないでいた。被害者たちのさまざまな運動に関わっても、

「事故を再び起こさないために、うちの侑人は亡くなったわけじゃない」

という思いが強くなる。侑人君を、保育所の事故の「シンボル」にはしたくない。夫妻にとって侑人君は唯一無二の存在であり、かけがえのない最愛の存在なのである。それは今も変わらない。

「いつも後悔するのは、上尾保育所に侑人を預け続けたこと。途中で、ここはダメなんじゃな

いか、いっそ辞めさせてほかに預けようと思ったこともあります。でも、保育料も安いし、みんな公立がいい、という。認可保育所をやめて幼稚園や無認可保育所に改めて入り直すなんて、私たちがおかしいのだろうか、と思って、転園しなかったのです。そのことを今も後悔しています。やはり転園させておけばよかった！と。転園させなかった自分たちが悪かったのでは？……と、今も自分たちを責めてしまうのです」（八千代さん）

確かに、保育施設の中でも認可保育所での事故は比較的少ない。保育施設や病院でわが子を亡くした親たちが立ち上げた「赤ちゃんの急死を考える会」の調査によれば、昭和36年度～平成20年に、保育施設で二四〇件の死亡事件が発生しているが、認可外施設での事故が約八五％を占めている。認可保育所で亡くなった子どもは一五％。しかも、保育所での事故は、ＳＩＤＳやうつぶせ寝が原因のことが多く、侑人君のように四歳児がこのような事故で亡くなることは極めて少ない。

「ただ、命は無くしていないけれど、侑人と同じように苦しんでいる子どもや親は、全国にいるんじゃないかなと思うんです」。

高志さんはそう語る。

「子どもを預かっている保育士たちには、日々子どもをきちんと見て、本来の仕事をしてほしいと言いたい。それに尽きるんです」。

「上尾保育所」だけなのか？

これまで、侑人君が命を落とした上尾保育所で起きていたことについて、さまざまな角度から検証してきた。しかし、この本は上尾保育所やそこで働いていた保育士個人、そして上尾の保育を糾弾する目的で書いたものではない。

日頃、各地の認可保育所に取材に行くことが多く、自分の子どもも四人全員を認可保育所に預けてきた私にとって、上尾保育所で起きていた一つひとつの出来事は、実は、日本中の多くの保育園で、今、現実に起きていることなのではないかという危機感が強いからだ。

また、榎本高志さんが言っていたように、

「自分たちと同じ思いをしている親子は全国にいるのではないか」

ということが、現実にあるのではないかと思っている。

上尾保育所では、複合的な問題が積み重なって悲しい死亡事件が起きたが、これは必ずしも上尾保育所でしか起きないという問題ではない。子どもと関わる保育者や、子どもを保育所に預けている保護者には「これは上尾保育所だけの問題なのか？」ということを常に考えてほしいと思う。侑人君の死を「他山の石」としてとらえるのではなく、危機管理のサンプルとして取り上げるのでもなく、それが保育士である自分や、保護者としてわが子に起こることかもしれないと考えてほしいのだ。

保育所での主役は子どもである。子どもにとっていい環境であるために、子どもにとっていい保育を行うために、必要な物はたくさんある。

たとえば、次にあげた八つの項目は、侑人君の死亡事件についての検証の中から、いずれも安全・安心な保育を行ううえで絶対に必要なものだとわかったものである。自分が働いている園、子どもを預けている園のことについて、当てはまるかどうか考えてほしい。もし欠けていることがあるとわかった場合には、それをどうすれば補うことができるかを、考えていくことが必要であろう。

①保育士、子ども、保護者が、互いによい関係を作れているか

保育所は、人間が集まる場所である。子どもであり、子どもを守る保育士であり、子どもの保護者が、互いに交錯し、触れ合う場所である。保護者と保育士が互いの信頼関係をどれだけ築けているだろうか。保育士と子どもとの関係はどうだろう。また、保育士同士の人間関係はどうだろうか。保護者同士はお互いの子育てを分かちあえるいい関係を築いているだろうか。

人間関係というのは難しい。上に立つ人の性格や関わり方によって、下にいる人たちの関係性が良くも悪くもなることがある。人間が集まる場所で、人間同士が上手くいっていなければ、保育もよくなるはずがない。

②保育士が子どもの個性をしっかり、しかもポジティブに把握しているか

子どもにはそれぞれの個性があり、好きなものや興味が違っている。その子の興味によって行動は違ってくるだろう。虫が好きな子なら夢中になって虫を追いかけてしまうことがあるかもしれないし、電車が好きな子なら電車を見るために危険なことをしてしまうかもしれない。好奇心が強い子であれば、ほかの子が近寄らないような場所にも行くことがあるだろう。

そういったその子どもの個性をつかむことが、保育士がどのような動きをしたらいいかという直感につながってくる。

同時に、子どもの個性はよい方に、ポジティブに見てあげる必要があるだろう。親だって子どもの個性をよい方にだけ考えているわけではない。時にはそれが悩みの種になることだってある。それを子どもと毎日長時間接している保育士によい方に見てもらえたら、親もうれしいし、前向きに子育てしようという気持ちにもなるはずだ。

子ども自身も、保育士に否定的に受け止められたのでは、個性が伸びることはないだろう。一人ひとりの子どもをよく見ることは、「保育の専門性」の一つなのである。

③保育士が子どもが遊び込めるような環境を設定しているか

子どもが夢中になって遊ぶ環境は、実は自然に出来るのではなく、保育士がそうなるように考えたうえで意識的に設定してあげることも必要なのである。周りに多くの自然がある保育所なら、子どもたちの興味をわかせたうえで、子どもを連れていけばいいだろう。そういった環境にない保育所では、何か子どもたちが夢中になれるようなものを保育士がヒントのように「設定」することも必要だ。「自由」な保育の中でもそういった「設定」は重要である。

夢中になって遊べるような環境が整えられていれば、子どもたちがフラフラするようなこともなくなり、結果的に安全につながっていく。

④立場にかかわらず保育士同士の連携は十分に出来ているか

もはや非正規の保育士の存在無しに、保育所は運営できない状況にある。正規の保育士か非正規の保育士かといったことは、実際に子どもに触れ合う保育の現場ではさほど関係ない問題だ。正規の保育士の方が非正規の保育士よりも「エラい」というようなこともない。保育士免許を持たないパート職員にも、果たすべき役割はある。単純に働き方の多様化ととらえるべきなのではないだろうか。

そして、立場にかかわらず同じように子どもたちに接する者として、しっかり連絡をしたり申し送りができるような体制を整える努力が必要だ。

保護者の中には「あの先生は非正規だから」「この先生は正規だから」といったことを気に

する人もいる。それは責任の重さという意味に過ぎず、「非正規だけどいい先生」という評価もあって、いい保育士かどうかは働き方には関係ない場合がほとんどだ。逆に、保護者たちが「非正規の先生だから」と軽く思ったり、心配にならないように、保育所の側からの声かけが必要な時期に来ていると思う。「保育の専門性」は保育士のチームワークなのである。

⑤職員会議や研修を十分に行い、保育所内での問題の共有化がはかれているか

職員会議は保育所内の安全を保ち、子どもや保護者に起きている問題を保育所の職員全体で共有するためにとても大切な場所である。研修は、保育士のスキルをアップさせるために必要なものである。

普段の保育に差し障りがないように配慮しつつ、十分な会議と研修ができるようにしていく必要があるだろう。

保護者の側からすると、時間外の延長保育などで、担任ではない先生から「大丈夫ですか?」などと気軽に声をかけてもらえると、安心が大きくなる場合もある。ただし、それも保護者の性格によるだろう。ほかのクラスの保育士から声をかけられて「なぜそんなことをほかのクラスの先生から?」と思う保護者もいるかもしれない。そういった保護者の性格をふまえた対応も含めて、共有化が必要になってくる。

⑥保育士が子どもの動静をしっかり把握できているか（保育士全員が、子どもの顔と名前を一致させることができているか）

子どもの名前と顔が一致することは、子どもの動静を把握するために必要である。そのことが、安全な保育を行うことの基本につながってくる。赴任まもない四、五月の時期であれば、子どもの名前と顔が一致しないという場合もあるかもしれないが、それでもなるべく早く一致させる努力が必要だろう。

そのうえで、着実に子どもの動静を把握することが必要だ。子どもをたんに見張るのではなく、遊びに夢中にさせたうえで安全を確保することは、重要な「保育の専門性」である。

⑦しっかりした保育計画ができているか

保育計画は、年間の子どもの成長をどのように見ていくかや、その前の月の子どもに起きている問題をふまえて、具体的にどのような保育を行っていくかを考えるうえで、とても重要なものである。ただ、書いておけばいいというものでもない。

クラスの子どもたちの様子を把握したうえで、子どもたちがしっかり遊べるように導いていくためには、何よりもこの計画が必要だ。

子どもたちが0歳から五歳までの六年間、どのように過ごすか、どのように育っていくかの目標を立てたうえで、一年、半年、一か月、一週間と単位を小さくわけてその月の目標を設定していくことで、子どもたちの育ちを見守るうえでの「ぶれ」が無くなるのだろうと思う。

⑧普段から緊急時の対応は十分にできるようになっているか

緊急時の対応マニュアルは、あらゆることを想定しておかなければ意味がない。上尾保育所では、子どもがいなくなった場合のマニュアルは想定外であったし、ほかにも「想定外」のことは起きるかもしれない。「想定外」のことが起きた場合には、その際の連絡系統さえわかっていれば、臨機応変に対応できるのではないだろうか。

マニュアルの存在が必要なのではなく、指揮命令系統の整備や、連絡系統の設定などの方が重要かもしれない。

以上の八つの項目がきちんと徹底されていることが、保育の安全を守るために極めて重要なことなのである。

保育所は子どもの命を守る場所

「保育サービス」といった言葉が登場して以来、保育は子どものためではなく、親へのサービスのために存在するかのような誤解にとらわれている人も増えてきた。親たちに対して見栄えのいいサービスを行う保育所が人気を集め、子どものことを考えてゆっくりのんびりした保育を行っている保育所が避けられるような時代にあって、今一度「保育所は誰のためのものか」ということを考え直すべきではないかと思う。

もちろん、親が就労するためには保育所の存在が絶対に欠かせない条件であることから、保育所は親のためのものであるという一面もある。しかし、保育所が児童福祉法に基づいて運営されている以上、やはり、保育所は絶対的に子どものために存在する場所であることはあきらかである。

そして、保育所の持つ意味としてもっとも大切なのは「子どもの命を守る」ということに尽きる。それは絶対に守らなければならない一線である。本年（2011年）3月に起きた東日本大震災でも、保育中の子どもが命を落とした例はほとんどない（宮城県で避難中に保育士一人、子ども二人が津波にのまれたのでは？とされる事例が一件のみ）。迫り来る津波から子どもたちを必死で守った保育所の保育士たちの話は各所で報道されていたので、読んだ方も多いだろう。

しかし、そんなふうに子どもを守ってくれるべきはずの場所で、しかも世の中にいろいろある保育施設の中で最も安全だと思われている認可保育所で、子どもの命をあっけなく奪われてしまった榎本夫妻の無念さは想像するにあまりある。

もしかすると、「子どもの命を守る」という本来の役目を果たせなくなりつつあるほど、保育所は疲弊しているのかもしれない。

たとえば、保育所最低基準の問題がある。数年前に当時の厚生労働省の保育課長に取材をした時、

「最低基準は、最低の最低」

という言葉を聞いたことがある。「最低の最低」のラインであり、そこから引き下げてはならない、という意味だったのだが、今では、最低基準は各自治体によって引き下げをしてもいいことにまでなってしまっている。

保育士の配置基準や面積基準は、今でさえすでにギリギリである。上尾保育所の保育士たちの中には「二五人の子どもを一人で見るのは無理」と証言している人もいた。それでも目の前には現実に二五人の子どもたちがいて、その子たちの命を一人で守らなければならないのだと

したら、「配置基準が低いから安全に子どもを守れない」とすますことはできない。今の低い基準の中で最も確実な方法を模索して、子どもたちの命を守るのが、保育士の仕事なのである。

さらには、親たちが抱えているさまざまな困難を、保育所がすべて引き受けなければならなくなっているという問題もある。働く親たちの雇用条件は年々悪くなり、リストラや非正規化、さらにはそれに伴う経済的な破綻という問題を抱えている家族は増えているように感じる。また心が荒んだ親たちが引き起こす虐待事件は後を絶たない。表に出ない事件はどれほどあるのだろうか。私の回りでさえも時折「あの子、親に虐待されているみたいだよ」という話を耳にする。親から髪を乱暴に切られたという子や、親に殴られて入院したという子の話を身近なところで聞いたことがある。また、メンタルな病気を抱えている親も増えている。

「モンスターペアレンツ」の存在も、上尾保育所に限ったことではない。幼稚園や保育園の先生にほんの少し取材すれば、そういった話しはいくらでも出てくる。モンスターとまではいかないまでも、自分の正義だけを振りかざし、周囲の親たちを巻き込んで大きな騒動を起こす親は当たり前にいる。逆にそういった混乱に巻き込まれながらも、「助けて！」と言うことが出来ない弱い親もいる。

園から見れば困った親であっても、保育が「子どものため」である以上、保育を行う時には保護者とコンタクトを取らなければならない。保育士は親が発信していること（表だって発信していることだけでなく、一生懸命発信したいと思いながら表だって発信できないことも含めて）を、それまでの経験からくる勘を働かせてキャッチしなければならない。

子ども自身の問題もある。先頃出版された、小児精神科医の佐々木正美先生の名著『子どもへのまなざし（完結編）』（福音館書店）を読んで驚いたのは、発達障害の子どもに関する内容が半分以上を占めていたことだった。たまたま佐々木先生にお会いする機会があったのでうかがったところ、そういう内容にせざるをえない時代になったのだ、という。

また、小学生のいじめがどんどん低年齢化している時代、幼稚園や保育園などもっと幼い時期の子どもにもそういったいじめの芽が芽生えているかもしれない。

障害のある子、グレーゾーンの子、力が弱い子、強い子……そういった子どもたちをどのように個別に対応し、また一方でクラス全体として対応していくのか。

保育士に今、求められているのはそういったことに対応できる「専門性」にほかならない。保育士の数に余裕はなく、毎日の保育に埋もれ、「回す」、「流す」といった保育に終始している現状があるかもしれない。それでも、そのことを認識しているならまだいいだろう。しかし、そこに問題があるということに気づいていなかったり、もっと保育を深めようという意識が無くなったりした時に、必ず子どもの命が危険にさらされる。

保育士という仕事は国家資格の専門職である。専門職としての勉強をしていくことが、保育の専門性を身につけ、子どもの命を守ることにしっかりとつながっていく。研修や会議も必要だし、本を読むことも大切だ。社会の中で、保育や子どもについての見聞を広める努力も重要だ。

何より、保育所の内外で多くの人と触れあって豊かな人間関係を築き、そこから得たものを保育にフィードバックしていくことが必要である。

ルーティーンの保育に終始し、惰性で保育をしているとき。きちんと見なければならないはずの子どもの成長や心、動きを見逃し、直感が働かないような鈍い感性になってしまうとき。そんなふうに、専門職としての向上心を失った瞬間、必ず子どもの命が危険にさらされる。

もちろん、保育士というハードな仕事で心が疲れている人も少なくないだろう。そんな時は少し休んで、また元気になって再出発すればいいと思う。

「そんなのは理想だ」という人もいるかもしれない。でも、子どもを育てる保育士という仕事は、未来を育てる仕事なのである。理想がなければ、未来など育てることができるわけがない。

そういった努力を保育士だけに求めているわけではない。保護者も、保育士を信じ、子どもの力を信じ、お互いに協力しあって子どもを育てていこうという気持ちを育てていくことが大切だ。

保育所の主人公は子どもである。

そして、その子どもの命を守り、未来へとつなげていくことが、保育士に課せられた最大の仕事なのである。

本書に寄せて

今年の8月10日は侑人君の七回忌である。

平成17（2005）年8月19日、榎本八千代さんから「助けて下さい」という悲鳴にも似たメールが、いくつかの保育に関わる親の集まりのWEBサイトにポストされた。当時、公立保育所の民営化がらみで保護者の立場での保育運動に参加していた私のところに、それらが転送されてきた。

榎本さん夫妻から聞く上尾保育所での保育内容は、当時、公立認可保育所でお世話になっていた私の子どもたちが受けている保育内容とはかけ離れていた。これが公立認可保育所での保育なのか？　当時、ステロタイプに認識していた株式会社による民営化園での保育内容よりも「サービス」の視点が無い分、よけいに酷いのではないか？　「公立だから」保育の質が高いなどというのは完全なフィクションであり思考停止だ、と愕然とする思いだった。

実は、私は平成3（1991）年の夏に「子育てするなら上尾市」という標語を聞いたことがあった。千葉の海で行われた遠泳ツアーに参加した際、上尾市で保育運動をやっているという働く母たちと一緒になったのだ。保育の充実に強い自負を持っていることが窺われた。しかし、標語ができた瞬間、次を考えなくなっていたのではないだろうか。子どもも親も保育士も不変の存在ではない。メンバーは毎年替わる。そして子どもを取り巻く環境も、親の就労環境も、保育士の構成も、保育制度も変わっていく。現状を固定的にとらえ満足するのではなく、不断の努力を積み重ねることでしか、保育の質を確保していくことはできない。

ところが、榎本さん夫妻は、お二人にとって侑人君は一人息子だったことから、「自分たちが侑人を甘やかしてきたから同じクラスの友達から馬鹿にされる存在になってしまったのではないか」、「大勢の子どもたちを見なければならない保育所で、うちの子をちゃんと見てほしい、というのは我が儘なんじゃないか」、「私たちが侑人の事故のことを騒ぐのは間違っているのだろうか」と非常に控えめに、遠慮がちに述べておられた。

しかし、三月生まれの男の子が、三歳、四歳で箸が上手に使えない、食事中にふざけて立ち歩いてしまう、衣服の着脱や始末ができない、といって、親のしつけが悪いからクラスの友達に馬鹿にされても仕方ない、と親に思わせてしまう保育士とは何なのか？　一人ひとりの月齢の違い、発達段階の違い、そのことを理由に泣かされることをどう捉えているのか？　遅い子が早い子にいつも泣かされている状態が存在し、関係性が固定化しているときに、親には「大人の介入を待つ子どもになってしまいますよ」、侑人君には「自分で言えるようにしようね」と突き放す保育士とは何なのか？

この事件は、たんに、たまたま事件の日に子どもを見ていなかったために、たまたま侑人君が本棚に入り込んで死んでしまった事件ではない、と確信した。

事故調査委員会、刑事告訴、関係者からの聞き取り、民事提訴、刑事処分と刑事記録の民事裁判での取り寄せ、証人尋問、三〇〇頁近い最終準備書面の作成、そして平成21（2009）年12月16日の判決。「侑人君はなぜ亡くなったのか」を探求し、できるかぎりの手段を尽くすのに、侑人君が亡くなってから四年五か月がかかってしまった。

「なぜ本棚に入ったのか」は明らかにならなかったが、それでもマスコミで報道されるだけの死亡事故の情報では判らないことが数多く明らかになった。この保育にまつわる厳然たる事実を、一般の方、特に保育に関係する方々に読みやすい平易な文章で公刊してほしい、何とか七回忌までに、と旧知の猪熊弘子さんにお願いした。

民事裁判を傍聴し、膨大な裁判記録を丹念に読み込み、現場を歩いて、事実をつぶさに書いてくれた猪熊さんに感謝したい。

そして、保育制度が大きく変化しつつある今だからこそ、「一人ひとりを大切にする保育」という原点に立ち返って、あるべき保育とは、それを実現するために現場をどうつくっていくのか、を見直す一助にしていただきたい。

二〇一一年七月　盛夏

弁護士　寺町　東子

猪熊 弘子（いのくま ひろこ）

ジャーナリスト・翻訳家。名寄市立大学特命教授。一般社団法人 子ども安全計画研究所代表理事。子ども・家族・女性・保育・教育などをテーマに、執筆、翻訳、編集のほか、テレビ・ラジオのコメンテーターや講演も行なう。4児の母。

■著書
『女たちの阪神大震災』（朝日新聞社）
『お父さんの面積』（農文協）
『うちの子よその子』（婦人生活社）
『保育がビジネスになったとき』（ちいさいなかま社）
『ドラマな言葉』（ゴマブックス）
『その住まいでこどもをちゃんと育てる自信、ありますか?』（オレンジページ）
『なんで子どもを殺すの？～名越康文の処方箋』（講談社）
『「子育て」という政治』（角川SSC新書）
『重大事故を防ぐ園づくり』（共著、ひとなる書房）
■翻訳書
『マザー・テレサ語る』（早川書房）
『ムハマド・ユヌス自伝』『貧困のない世界を創る』（早川書房）など

装幀　やまだみちひろ

日本保育学会保育学文献賞受賞（2013年度）

死を招いた保育
ルポルタージュ上尾保育所事件の真相

2011年8月10日　初版発行
2021年2月10日　15刷発行

著　者　猪熊　弘子
発行者　名古屋 研一

発行所　㈱ひとなる書房
東京都文京区本郷2－17－13
広和レジデンス1F
TEL 03（3811）1372
FAX 03（3811）1383
E-mail : hitonaru@alles.or.jp

印刷・製本／中央精版印刷株式会社